Wilhelm Bölsche

Charles Darwin

Ein Lebensbild

Wilhelm Bölsche

Charles Darwin

Ein Lebensbild

ISBN/EAN: 9783845723501

Erscheinungsjahr: 2012

Erscheinungsort: Bremen, Deutschland

www.unikum-verlag.de | office@unikum-verlag.de

Bei diesem Titel handelt es sich um den Nachdruck eines historischen, lange vergriffenen Buches. Da elektronische Druckvorlagen für diese Titel nicht existieren, musste auf alte Vorlagen zurückgegriffen werden. Hieraus zwangsläufig resultierende Qualitätsverluste bitten wir zu entschuldigen.

Wilhelm Bölsche

Charles Darwin

Ein Lebensbild

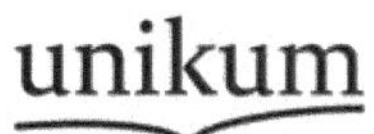

Charles Darwin.

Ein Lebensbild.

Von

Wilhelm Bölsche.

Mit einem Bildnis.

Leipzig.
R. Voigtländer's Verlag.
1898.

Charles Darwin.

Inhalt.

I.
Einleitung.

In der Nähe von London liegt ein kleiner einsamer Ort, Down. In seiner vollkommenen ländlichen Abgeschiedenheit liegt er fern genug, um den Lärm der brausenden Weltstadt zu überhören, aber immer doch noch so nah, daß bisweilen die Rauchwolken der tausend und tausend Schlote Londons wie ein Nebel über dem Horizont stehen. Das Dorf ragt auf einem Hochplateau, ringsum Felder mit spärlichen Waldstreifen an den Abhängen, im Ganzen die echte englische Landschaft auf Gestein aus der Kreide-Zeit, mit ihren scharfen Farben: violettrotes Heidekraut, leuchtend goldgelbe Ginsterblüten, das tiefe Grün alter Eichen, hier und da eine breite Landstraße, zu der gewundene, steinige Feldwege leiten, — alles nicht grade hervorragend schön, aber friedlich, auf die Dauer anheimelnd und gewiß ein guter Sitz für einen anspruchslosen Gelehrten, der nur seiner Arbeit leben und dabei gute Luft genießen will. Noch wieder etwas vom Dorfe Down abseits steht ein freundliches Landhaus, von Form etwas unregelmäßig, wie ein alter, ursprünglich sehr schlichter Bau, an dem im Laufe der Zeiten viel herumgebessert und zugebaut worden ist. Ein großer Erker verschwindet fast unter üppigen Schlinggewächsen, ringsum rauschen schöne, schattige Ulmenkronen, und jeder Zweig, jede Epheuranke scheint davon zu reden, mit welcher Liebe das alles von sorgsamer Hand in vierzigjährigem Fleiß herangezogen und einem ehemals kahlen und dürren Orte künstlich abgewonnen ist. Unter diesem guten Dache saßen eines Abends ein paar lebhafte Leute in angeregtem wissenschaftlichem Gespräch. Den Mittelpunkt der Gesellschaft bildete ein alter Herr, groß, aber von den Jahren etwas gebeugt, die hohe Stirn mit ihren mächtigen Brauen über einem scharfen, aber freundlichen Augenpaar hoch hinauf kahl, der große, tief herabfließende Bart silberweiß, in dem ganzen Antlitz eine Mischung von Energie, moralischer Reinheit und Größe, aber auch von Leiden, das seine scharfen Furchen eingepflügt. Eine längere Debatte war in Fluß gekommen, an der der Alte jugendlich feurig Anteil nahm. Man glaubte in diesem Kreise, daß alle Dinge der sichtbaren Welt, auch der Mensch und seine Kultur, sich in natürlicher Weise entwickelt hätten, — auf Grund und im Banne jener großen anfänglichen Ordnung der Dinge, die wir als „Naturgesetz" bezeichnen und die vom fernsten Stern des Alls bis in die kleinsten Lebensäußerungen auf unserer Erde unerschütterlich zu walten scheint. Im einzelnen solcher natürlichen Erklärung bot sich da freilich noch viel Schwieriges und die Meinungen wogten herüber und hinüber. Das Gespräch kam auf die natürliche Entwickelung gewisser Empfindungen und Stimmungen im Menschengeiste. Einer der jüngeren Gäste verfocht eine Meinung, die dem alten Hausherrn noch nicht so ganz bewiesen zu sein schien. Und der Alte brachte, wenn er in eine solche Debatte eingriff, einen ungeheuren Reichtum eigener Erfahrungen mit. In jüngeren Jahren hatte er fremde Erdteile durchwandert, die ganze Erde, durfte man wohl sagen, stand in greifbar deutlichen Bildern vor ihm. So griff er auch jetzt in den Schatz seiner persönlichen Erinnerungen. Es gehörte zu der aufgeworfenen Streitfrage, daß über das sogenannte Gefühl der „Erhabenheit" gesprochen wurde. Jeder kennt dieses Gefühl, das so echt menschlich ist: in einer Mischung von Empfindungen des Schönen, aber zugleich auch des Riesigen, Überwältigenden, fast Schauerlichen ergreift es uns beim Anblick des uferlosen Meeres oder eines schneebedeckten Bergriesen oder eines kolossalen antiken Bauwerks, einer Pyramide, eines Säulentempels, und sonst bei verwandten Gelegenheiten; es gibt Menschen, bei denen der Erhabenheitsschauer so stark wird, daß sie in Thränen ausbrechen, und sicherlich ist der Mensch grade durch solche Empfindungen seit alters zu tiefem Nachdenken über die Welt, zum Gefühl der Abhängigkeit von unbekannten Gewalten höherer Art geführt worden. Im Begriff nun, seinen jungen Freund in einigen Details gelegentlicher Behauptungen zu widerlegen, begann der alte Herr zu erzählen, wo ihn selbst in seinen Wanderjahren jenes merkwürdige Gefühl der Erhabenheit am stärksten gepackt habe. Auf einem der Cordilleren-Gipfel in Südamerika sei es gewesen, im Angesicht einer überwältigend riesigen Ferne. Bald darauf kommt das Gespräch zum Schluß, — wie zumeist bei intelligenten Köpfen, von denen jeder in seiner Art treu die Wahrheit sucht, ohne grade zu einer vollkommenen Erledigung geführt zu haben. Der greise Hausherr verabschiedet sich von seinen Gästen, da seine Schlafensstunde naht, an der er, von schwerem körperlichem Leiden zu streng geregelter Lebensweise genötigt, auch heute genau festhalten muß. Die jüngeren Leute bleiben aber lustig noch im Rauchzimmer beisammen und die Zeit verrinnt: auf einmal ist es schon ein Uhr in der Nacht. Da plötzlich öffnet sich geräuschlos die Thür und in Schlafrock und Pantoffeln erscheint noch einmal der alte Patriarch mit seinem Silberbarte. Er habe nicht schlafen können, sagte er. Und im ruhelosen Sinnen im Bette habe er sich das ganze Gespräch von vorhin noch einmal vergegenwärtigt. Da sei ihm nun eingefallen, daß er vorhin, natürlich nicht wissentlich, aber von ungefähr im Gespräch bei Widerlegung des Gegners etwas angeführt habe, das dem späteren reiflicheren Überlegen nicht stand halte. Er habe das höchste Gefühl der Erhabenheit doch nicht auf jenem Berggipfel der Cordilleren gehabt, sondern es sei, wie er sich jetzt ganz untrüglich erinnere, in den Wäldern Brasiliens gewesen. Das habe ihm nun keine Ruhe gelassen und so wolle er es doch lieber gleich berichtigen, damit weder die Andern noch sein Gegner sich durch eine verkehrte Angabe irre führen ließen.

Der alte, gebrechliche Mann, den die Richtigstellung der Wahrheit in einer an sich schließlich ziemlich geringfügigen Sache in tiefer Nachtstunde vom Lager trieb, — dieser Mann war Charles Darwin. Die kleine Geschichte, die allen Beteiligten noch in späten Jahren rührend vor der Seele stand, spiegelt sein ganzes Leben, seine ganze Arbeit: ein Leben nie endender Pflichterfüllung gegen die Wahrheit, eine Arbeit, der wir Wahrheit die Fülle verdanken auf Schritt und Tritt.

Der Reif lag schon auf seinem Haar und das Leiden hatte den ehemaligen Weltfahrer längst in den stillen Winkel von Down gebannt, — da kam Darwin's Name auf einmal in aller Welt Mund. Von jener grün umsponnenen Veranda in dem entlegenen englischen Dorfe aus hatte ein Buch die Reise in die Welt angetreten, — ein Buch, das wie ein Sturm dahin ging, die Meinungen herausfordernd, die Köpfe erhitzend, hier mit Begeisterung begrüßt, dort mit Erbitterung verworfen, ein Buch, wie das ganze neunzehnte Jahrhundert nur ein paar gehabt hat.

Darwin war von Haus aus Naturforscher, und in den engeren Kreisen der Gelehrten schätzte man ihn schon lange als der besten einen. Jenes Buch war denn auch ein naturgeschichtliches. Es handelte von Tieren und Pflanzen, allerdings nicht im Sinne eines Lehrbuchs, das das gangbare System der Tiere und Pflanzen aufgezählt hätte, oder im Sinne irgend welcher ins einzelne gehender Beschreibungen über Bau und Leben gewisser Tier- und Pflanzenarten, sondern mehr so, daß eine allgemeine Betrachtung über die ganzen Verhältnisse im Tier- und Pflanzenleben der Erde, wie sie uns heute vor Augen stehen, gegeben wurde und daraus einige hochwichtige Schlüsse gezogen wurden über die Geschichte der Tier- und Pflanzenarten. Diese Schlüsse waren, als das Buch im Jahre 1859 erschien, für fast alle mitlebenden andern Naturforscher überraschend und neu.

Man wußte damals allerdings schon lange, daß die Tiere und Pflanzen der Erde in gewissem Sinne eine „Geschichte" besitzen. Die Erde ist sehr alt. Im Laufe großer geschichtlicher Zeiträume hat sie an ihrer Oberfläche eine Menge großer Wandlungen durchgemacht. Wo heute Gebirge ragen, waren früher Ebenen, wo heute fruchtbares Ackerland sich dehnt, kann früher ein weiter Süßwasser-See gestanden haben, oder es rauschte gar der Ozean über die Scholle weg. Das alles lehren uns die Gesteinsablagerungen, lehren uns tausend Spuren im Bau der Erdrinde selbst, und die Wissenschaft der Geologie hat die noch sichtbaren Anzeichen gesammelt und einen großen fortlaufenden geschichtlichen Bericht daraus zusammengestellt, in dem die Wandlungen der Erdgeschichte wenigstens in großen Zügen ebenso deutlich erscheinen, wie in unserer sogenannten Weltgeschichte (d. h. der Geschichte der Menschheit auf Erden), die einzelnen Wandlungen der Völker, Reiche und menschlichen Kultureinrichtungen. Wie nun im Verlaufe dieser Erdgeschichte Berg und Thal, Land und Wasser am gleichen Fleck vielfach gewechselt haben, so sind auch Tiere und Pflanzen auf der Erde in vergangenen Zeiten nicht immer die gleichen gewesen wie heute. Als versteinerte Reste findet man in den heute zu festem Stein erhärteten Schlammablagerungen aus uralten Tagen die Knochen höchst seltsamer Tiere, die Blattabdrücke und Stämme ganz sonderbarer und fremdartiger Pflanzen, wie sie heute unbedingt nicht mehr lebendig vorkommen. So haben bei uns in Deutschland einmal drachenähnliche Geschöpfe aus der Verwandtschaft der Eidechsen gelebt, aber zum Teil kolossal groß und mit Flossen im Meere schwimmend, die sogenannten Ichthyosaurier. Zu andern Zeiten haben an Stelle unserer Kiefern und Eichen sich Wälder gedehnt von turmhohen Schachtelhalmen, Bärlappgewächsen und Farrnkräutern. Und in noch anderen Tagen stampften durch Palmenwälder in Sachsen und Schwaben verschollene Arten von Elefanten. Umgekehrt fehlten die meisten der heute existierenden Tier- und Pflanzenarten in jenen früheren Epochen der Erdgeschichte noch vollständig.

Das alles, wie gesagt, wußte man nun auch vor Darwin schon ziemlich genau. Aber bis zu jenem Jahre 1859 hatte man hinsichtlich der Tier- und Pflanzengeschichte einen Grundsatz als absolut fest aufgestellt.

Die Erdgeschichte läßt sich, wie ich eben erwähnt habe, sehr gut vergleichen mit unserer menschlichen „Geschichte“. Sie bildet ja eigentlich auch nur die rückwärts zugefügte Fortsetzung dieser Geschichte im engeren Sinne: sie lehrt uns, was auf der Erde geschehen ist noch vor der Zeit, da überhaupt zum ersten Mal Menschen auf dieser Erde auftraten und „Geschichte machten“. Wenn wir nun diese unsere menschliche Geschichte in ihren Epochen der Urzeit, des Altertums, Mittelalters und so weiter anschauen, so gewahren wir da einen unablässigen Wechsel. Im Laufe der Jahrhunderte treten Völker auf, bilden sich feste Reiche, treten bestimmte Formen der Gesellschaft, bestimmte herrschende Gesetze hervor, — nach einer gewissen Frist aber ändert sich das Bild wieder, die Völker machen neuen Platz, die Reiche zerfallen, alle Ordnungen und ob sie noch so fest gefügt schienen, lösen sich auf, bis nach einer Weile sich alles neu geordnet hat, durchweg in einer verbesserten, wie durch all den Umguß von einer Masse Schlacken geläuterten Form. Kein Mensch bezweifelt, daß diese Wandlungen natürliche Entwicklungen darstellen. Wohl stirbt dabei immer ein Teil der Dinge ganz ab. Aber der lebenskräftige Rest verwandelt sich in neue Gebilde auf dem Wege einer Fortentwickelung. Eines Tages sehen wir in der Geschichte einen politischen Riesenorganismus wie das römische Kaiserreich sich auflösen. Jahrhunderte später finden wir an seiner Stelle eine Anzahl kleinerer neuer, in sich geschlossener Einzelreiche. Keiner wird glauben, an einem letzten Tage sei das alte Römerreich plötzlich vom Erdreich verschlungen worden und aus dem Nichts heraus seien jene neuen Reiche auf den leeren Fleck gesprungen. Man weiß ganz genau, daß hier eine fortlaufende Entwickelung stattgefunden hat, das Alte ist langsam in ein Neues übergegangen. Niemand fällt es ein, den auffälligen Wandel der Sprachen, der dabei eintrat, anders als im Sinne einer solchen langsamen natürlichen Entwickelung zu nehmen. In ganz allmählichem Wechsel entwickelten sich aus dem Volkslatein die sogenannten romanischen Sprachen, wie sie sich heute zum Italienischen, Spanischen, Französischen ausgebildet haben. Kein Mensch bezweifelt das, so wenig wie er im Modernsten, vielleicht noch Selbsterlebten bezweifeln kann, daß aus dem Wirrwarr des deutschen Partikularismus sich in der zweiten Hälfte des neunzehnten Jahrhunderts das einheitliche deutsche Reich natürlich entwickelt hat.

Es wäre nun wohl gewiß an sich nichts Wunderbares, wenn dieses Prinzip fortlaufender Entwickelung einfach auch auf die Punkte der Erdgeschichte übertragen würde, wo auffällige Wandlungen sichtbar werden, vor allem also auf jenen merkwürdigen Wechsel in der Tier- und Pflanzenwelt. Wenn früher andere Tiere und Pflanzen auf der Erde lebten als heute: warum sollte das Verhältnis nicht so liegen, daß die heutigen Formen sich einfach aus jenen älteren entwickelt hätten? Ein Teil mochte ja ganz mit der Zeit ausstorben sein. Aber die Mehrzahl hatte sich wohl einfach umgewandelt und schuf dadurch das veränderte Bild. Hier aber erhoben die Naturforscher bis 1859 ganz entschiedenen Einspruch. Eine solche Umwandlung, hieß es, ist schlechterdings unmöglich. Denn es ist nicht möglich, behauptete man, und war auch niemals möglich, daß eine Art von Tieren oder Pflanzen in eine andere Art „übergeht". Ein Nashorn wird immer nur Nashörner, ein Eichbaum immer nur Eichen erzeugen. Es gibt in der Erdgeschichte eine Epoche, da von Wirbeltieren auf der Erde erst Fische, Amphibien und Reptilien lebten, aber noch keine Säugetiere und Vögel. Da müßte man ja in jenem Sinne gar denken, etwa ein Reptil, eine Eidechse sei durch Entwicklung einmal ein Sperling oder ein Fuchs geworden. Das erschien so absurd, daß man nur schlechte Scherze dafür übrig hatte. Der Hergang mußte unbedingt ein vollständig anderer gewesen sein. Da die Arten nicht ineinander übergehen können, andererseits aber ein Wechsel der Tier- und Pflanzenarten geschichtlich auf der Erde erfolgt ist, so bleibt, schloß man, keine andere Annahme, als daß von Zeit zu Zeit auf Erden eine vollkommene Vernichtung aller Tiere und Pflanzen stattgefunden hat und unmittelbar danach ein plötzliches, wissenschaftlich nicht näher zu ergründendes „Neuentstehen" anderer, von den früheren ganz oder teilweise verschiedener Arten. Bis 1859 war das in der That das Glaubensbekenntnis aller Häupter und Führer der Naturwissenschaft. Da kam Darwin's Buch.

Dieses Buch vertrat dreierlei. Erstens: jene Behauptung von der Unveränderlichkeit der Tier- und Pflanzenarten ist falsch. Eine Art kann sich vielmehr im Laufe einer gewissen Zeit sehr gut in eine andere verwandeln. Zweitens: solche Umwandlung von Arten in neue Arten muß sogar stattfinden unter gewissen Bedingungen. Diese Bedingungen suchte Darwin eingehend darzulegen, indem er darauf hinwies, wie auch die scheinbar festen Arten beständig kleine Abweichungen, kleine Variationen von der Grundform zeigen, und wie im großen Existenzkampfe der Tiere und Pflanzen auf der Erde, im sogenannten „Kampf ums Dasein", beständig aus diesen Varianten gewisse begünstigt und weitergezüchtet werden müssen bis zu dem Punkte, daß aus der einfachen Variante gradezu eine neue Art geworden ist. Das Detail der Nachweise für diesen Punkt war überaus verwickelt, wurde aber mit einer außerordentlichen Logik und einem gradezu einzigartigen Wissen zusammengebracht. Darwin nannte sein Prinzip der zwangsweisen Artumwandlung das Prinzip der „natürlichen Zuchtwahl", ein Namen, der alsbald großen Ruf erlangt hat. Der dritte Punkt, den Darwin vorbrachte und der eigentlich von allen der wichtigste war, lautete dann: die Tier- und Pflanzenarten haben sich im Verlaufe der Erdgeschichte wirklich umgewandelt, beständig sind aus einzelnen Arten neue hervorgegangen, es hat eine fortlaufende Entwickelung im Bereiche alles Lebendigen stattgefunden von Urbeginn an bis auf den heutigen Tag. Freilich ist dieser Umformungsprozeß nicht so schnell erfolgt, daß etwa aus einer Eidechse gleich ein Sperling hervorgegangen wäre. Aber gewisse Eidechsenarten haben sich in andere verwandelt, die schon einige Merkmale mehr besaßen, aus diesen neuen Arten sind wiederum neue entstanden, die eine Mischform zwischen Eidechse und Vogel darstellten, von da aus hat es dann endlich echte Vögel gegeben und der allgemeine Typus Vogel hat sich endlich in zahllose Sonderarten zerspalten, deren eine unser Sperling darstellt. Und so wie hier ist es überall ähnlich zugegangen.

Die Naturforscher von Fach machten große Augen, als sie diese kühnen Lehren vernahmen. Die meisten hielten Darwin's Buch für eine äußerst verwegene Sache, die sie zuerst kaum ernst nehmen wollten. Aber es vergingen nicht allzu viel Jahre, da drang als öffentliche Meinung bei den Kennern der Erdgeschichte und der Tier- und Pflanzenwelt ganz allgemein durch: Darwin scheine recht zu haben. Man begann die bisher gesammelten Thatsachen unter seinem neuen Gesichtspunkte neu durchzusehen, und die Beweise drängten sich von überall her, daß mit Darwin's Anschauungen wirklich eine viel einfachere, logischere Art der Erklärung so vieler Rätsel gegeben sei, der man sich nach dem Gebote ehrlicher Wahrheitsforschung einfach unterwerfen müsse. Man verhehlte sich nicht, daß der „Darwinismus" auch noch mancherlei Schwierigkeiten und Dunkelheiten enthalten, aber im ganzen gestand man Darwin das unbestrittene Verdienst zu, eine ganz neue Epoche der erdgeschichtlichen und lebensgeschichtlichen Forschung eingeleitet zu haben, die gar bald glänzendste Früchte zu tragen begann.

Schließlich handelte es sich in dieser ganzen Linie aber lediglich um eine „Fachfrage", die in der stillen Stube des Naturforschers, im Laboratorium oder bei wissenschaftlichen Studien irgend welcher Art, vor anatomisch zergliederten Tier- und Pflanzenkörpern oder den versteinerten Resten vorweltlicher Geschöpfe gelöst oder verworfen werden mußte. Aus der einfachen Doktorfrage heraus, ob wohl einmal ein Haifisch sich in einen Hecht, ein Känguruh in einen Hasen oder einen Dachs umwandeln könne, hätte sich nicht erklären lassen, warum Darwin's Ansichten einen so ganz ungeheuerlichen Lärm in weitesten Kreisen hervorbrachten. Hier kam denn auch noch etwas ganz Besonderes hinzu.

Schon der alte Naturforscher Linné, der im vorigen Jahrhundert zum erstenmal die einzelnen Arten der heute lebenden Tiere und Pflanzen, so weit sie ihm bekannt waren, genau benannt und geordnet hatte, hatte in die Reihe dieser Arten ganz ruhig auch den Menschen hineingestellt. Seinem ganzen körperlichen Bau nach mußte er den Menschen zu den Tieren rechnen, im engeren Zusammenhang des Systems der Tiere zu der obersten Klasse dieser Tiere, nämlich zu den Säugetieren. Der Mensch erschien als die höchste aller Säugetierformen. Die nächst tiefere Stufe war der Affe, der, obwohl in seinem Bau im ganzen noch weit unter dem Menschen stehend, doch jedenfalls in gewissen Merkmalen des Schädels, des Gehirns, der Gliedmaßen dem Menschen näher stand als etwa der Hund oder das Pferd oder der Elefant. So lange man nun im Banne jener älteren, bis 1859 allein gültigen Ansichten jeden geschichtlichen Zusammenhang zwischen den einzelnen Tierarten leugnete und für jede Art einen besonderen, plötzlichen, wissenschaftlich nicht zu fassenden Entstehungsakt annahm, war diese Einordnung des Menschen unter die Tierarten nicht besonders geeignet, die Meinungen aufzuregen. Anders aber mit dem Tage, da Darwin's neue Idee durchschlug. Nach Darwin's Ansicht verdankte ja jede Art ihre geschichtliche Herkunft einer anderen, früher vorhandenen Art.

Das Pferd zum Beispiel war nicht eines Tages plötzlich ohne jeden Zusammenhang mit Früherem aus dem Boden gewachsen, sondern es hatte sich zu irgend einer Zeit der Erdgeschichte ganz allmählich, im Laufe vieler Generationen aus einem pferdeähnlichen Tiere entwickelt, das zu Vorfahren wieder andere Tierarten hatte, die nur erst ganz geringe Anklänge an ein Pferd zeigten und, falls sie lebend vor uns träten, wahrscheinlich von uns als ganz andere Tiere, als die Pferde darstellen, beschrieben und benannt werden würden. Was für das Pferd aber zutraf, traf auf alle Arten zu. War der Mensch im Sinne Linné's eine richtige Tierart, so traf es auch ihn. Man mußte sich vorstellen, daß auch er vor Zeiten einmal durch natürliche Entwickelung aus einer anderen Tierart hervorgegangen sei, die noch nicht ganz Mensch war. Diese Urform mußte dann wieder zurückleiten auf schon ziemlich menschenunähnliche Tiere, — wenn auch auf diejenigen, die ihm relativ von allen Tieren noch immer am nächsten standen. Am nächsten stehen aber unter den lebenden und auch, so weit man davon Kunde hat, den heute ausgestorbenen Tieren dem Menschen die Affen. Und so zogen findige Köpfe alsbald den Schluß, die Darwin'sche Ansicht von der Entwickelung der Arten führe notwendig auch auf die Annahme, daß der Mensch aus dem Affen oder wenigstens aus einem affenähnlichen Säugetier sich im Verlauf der Erdgeschichte einmal entwickelt haben müßte. Und damit war denn in der That ein Punkt gefunden, wo die ganze Frage, die Darwin in Fluß gebracht hatte, aus dem einfachen naturgeschichtlichen Fachgebiet heraustrat.

Wenn Darwin's Lehre richtig war, so war hier eine neue, bisher nicht in Betracht gezogene Thatsache über den Menschen entdeckt. Grade die Ansicht über den Menschen, sein Los, seine Rolle, seine Bestimmung und seine Hoffnungen auf der Erde pflegt aber die Grundlage unserer ganzen Weltanschauung zu bilden, es ist diejenige Ansicht, die uns am nächsten berührt und von der wir in Gedanken immer wieder ausgehen, zu der wir immer wieder zurückkehren. Alle philosophischen Betrachtungen, die sich in unermüdlicher Gedankenarbeit in dieses große Grundproblem, das Geheimnis des Menschen, versenkt hatten, mußten irgendwie berührt werden durch eine so merkwürdige Thatsache,

— vorausgesetzt, daß es eine Thatsache war. Der Mensch erschien da ursprünglich hervorgebracht durch dieselben Naturgesetze auf der Erde, die auch die Tiere und Pflanzen, ja letzten Endes diese Erde selbst und die ganze Sternenwelt, der sie angehörte, hervorgebracht hatten. Je nach der Grundanschauung, die man sich über die Rolle der Naturgesetze überhaupt machen mochte, mußte das aber willkommen oder bedenklich sein. Das menschliche Denken über die größten und tiefsten Dinge Himmels und der Erden teilt sich ja hier in zwei recht verschiedene Lager. Der eine glaubt an ein vollkommen einheitliches Walten der Naturgesetze im Weltgeschehen. All' dieses Geschehen scheint ihm bewirkt und nur bewirkt durch diese festen Naturgesetze, so weit zurück, als wir denken können und so weit vorwärts, als dasselbe Denken trägt. Im Naturgesetz selber offenbart sich das Weltprinzip. Der Bekenner dieser Grundansicht mag sich die erhabenste Vorstellung bilden vom Wesen der Dinge; er mag an eine Welt des Wirklichen glauben, in der die Keime edelster Vollkommenheit ausgestreut sind, eine Welt, die von der Nacht zum Licht emporsteigt, eine Welt, die auf wunderbare Allgemeinziele, auf eine Erfüllung ohne gleichen, eine vollkommene letzte Harmonie jenseits aller Myriaden Sonnen und Myriaden Entwickelungen losarbeitet; immer aber wird er die ganze treibende Macht in diesem gesamten Werke einzig und allein in den unbehinderten Naturgesetzen selbst suchen, in diesen selbst wird seine einzige „Teleologie" stecken, sie werden ihm der unantastbare Arm des großen urbegründeten Weltwillens, das Fortschrittsmaß aller Dinge und die wahre Offenbarung sein, mit denen er sein schwaches menschliches Erkenntnisbild zugleich nährt und begrenzt. Der andere dagegen mißt dem Naturgesetz und seiner Erkenntnis nur eine ziemlich untergeordnete Bedeutung bei, er ahnt neben ihm noch ganz andere Geheimnisse in der Welt, und er weiß sich die ganze Existenz des Menschen nur so zu deuten, daß er zwischen ihm, der noch Anteil an jenen Geheimnissen höherer Art besitzt, und der Natur, die im Naturgesetze kreist und blüht, eine tiefe Kluft gezogen denkt, die mit nichts zu überbrücken ist. Uralt ist der Zwist dieser Meinungen und noch auf lange hinaus wird er die Menschheit zu rastlosem

Kampf der Gedanken, zu rastloser Denkarbeit anspornen. Vollkommen verständlich aber erscheint, wie dem Verteidiger des Naturgesetzes die Darwin'sche Lehre von der natürlichen Herkunft des Menschen sogleich als ein großer Gewinn entgegen treten mußte: ein wichtiges neues Stück der wahren „Weltgeschichte", ja eigentlich das wichtigste von allen, schien zu gunsten des Waltens der Naturgesetze aufgehellt. Umgekehrt konnte der Anhänger der anderen Weltdeutung nicht viel Gefallen finden an dem Versuch eines Naturforschers, der so unzweideutig darauf ausging, den Menschen wenigstens durch seine geschichtliche Entstehung ganz fest mit der Natur zu verketten. Und so gab es auf einmal ein Für und Wider weit über die Kreise der Naturforscher hinaus. Darwin's Name wurde populär, wurde berühmt, seine Bücher bildeten ein Ereignis des Jahrhunderts. Selbst ganz ungebildete Leute, die unmöglich begreifen konnten, was für tiefernste Probleme des menschlichen Denkens hier in Anregung gebracht waren, gewöhnten sich daran, von Darwin als dem Manne zu reden, der behauptet hatte, der Mensch stamme vom Affen ab.

Wer in eine unruhige Zeit mit dem ehrlichen Mute seiner Überzeugung etwas hineinwirft, das er für Wahrheit hält, das aber zugleich das Zeug in sich hat, ein rechtes Zankobjekt zu werden, — der darf sich wenig wundern, wenn die Sturzwellen wild zu ihm heranbranden. Eine Flut schwarzer Wasser rauschte gegen das grüne Landhaus bei Down herauf. Eine Menge Menschen, deren Verstand wenig mit dem eigentlichen Ideengehalt der neuen Lehre anzustellen wußte, fanden eigentümlicherweise ein besonderes Gefallen daran, ihr gleichsam vom moralischen Boden eines anzuhängen. Die Abstammung des Menschen von affenähnlichen Tieren der Vorzeit sollte etwas ganz besonders Verächtliches, gleichsam Unreinliches enthalten. Daß der Mensch vor vielleicht hunderttausenden und mehr Jahren einmal mit gewissen affenähnlichen Tierarten in Zusammenhang gestanden haben sollte, wurde für eine moralische Erniedrigung der menschlichen Würde überhaupt erklärt. Man vergaß, daß der edelste Mensch als solcher doch innerhalb seines Geschlechts, seiner „Art", mit dem rohesten Kanibalen, der irgend einen milden Verkündiger der Menschenliebe grausam tötet und verzehrt (viele Tiere würden niemals ihres gleichen so zu behandeln wagen!), blutsverwandt ist und es auch ohne Darwin's Lehre bleibt. Und man vergaß, daß der Mensch, auch der Kulturmensch, Krankheiten unterliegt, daß er dem Tode verfällt, daß er in alle möglichen Situationen kommt, die man dann ebenso gut als erniedrigende bezeichnen könnte, die wir aber nicht einfach fortleugnen können. Es ist Aufgabe einer höheren Betrachtung, trotz aller dieser Dinge und mit ihnen einen Standpunkt zu finden, von dem das Leben der Gesamtmenschheit wie das des Individuums eine Art höherer Weihe erhält, und der wirklich Einsichtige wird keinen Augenblick zweifeln, daß ein solcher Standpunkt wirklich gefunden werden kann, ja schon lange vor Darwin in Anbetracht alles sonst Unzulänglichen der Menschennatur, aber auch in Anbetracht der davon unberührten erhabenen und unantastbaren Eigenschaften dieses gleichen Menschen von unsern reinsten und edelsten Denkern bereits gefunden worden ist. Ohne Rücksicht jedoch auf alle diese Dinge nahm man in jenen lärmenden Kreisen keinen Anstand, Darwin persönlich zu verunglimpfen. Sein angeblicher Versuch, das Niveau der Menschheit moralisch zu erniedrigen hinsichtlich ihrer Selbstachtung, wurde einfach zurückgeführt auf einen Mangel an moralischer Kraft in seiner eigenen Person. Unbefangene Gemüter wurden durch den Ton, womit das vorgebracht wurde, aufmerksam und schließlich unruhig, — und man begann, nachdem das erste Buch einmal eine gewisse Sachlage geschaffen, sich teils böswillig, teils bloß abwartend und neugierig auch mit Darwin's Person zu beschäftigen. Die grüne Veranda von Down lockte die Blicke eines unglaublich weiten, nie dort erwarteten Zuschauerkreises zu sich herüber.

Es liegt nicht immer im Lauf der Dinge, daß das Genie die Augen der Welt bis in sein Hauskleid erträgt. Begabte Menschen haben im Drange der Inspiration vereinzelt Gewaltiges geschaffen, aber sie zeigten sich oft klein, wenn ihr Leben in weiterem Ausschnitt in den Lichtkreis trat, den das Bedeutende um sich wirft. Hier aber, bei Darwin, erschien eine Lebensbahn von fleckenloser Reinheit. Heute sind anderthalb Jahrzehnte seit Darwins Tod verflossen. Eine ganze

Bibliothek ist über seine Theorieen geschrieben worden. Die wirklichen ideellen Gegensätze im großen Leben draußen haben sich eher verschärft. Der Blick aller ehrlich Denkenden in allen Parteien aber schweift zu dem Leben, zu der Person grade dieses Mannes zurück wie zu etwas, das unantastbar über allen Parteien steht. Es scheint in diesem Leben noch etwas Besonderes zu liegen. Nicht, wie jene unreifen Gegner meinten, etwas, das unter das moralische Mittelmaß sinkt. Sondern grade umgekehrt etwas, das in eine reine Höhe weit über allem Durschschnitt entrückt. Fünfzehn Jahre von dem alten Weisen von Down getrennt, fangen wir an, in ihm einen typischen Vertreter edelsten Menschentums im neunzehnten Jahrhundert zu verehren, — eine ungeheure Sache bei einem Manne, der, notgedrungen in den Kampf der Weltanschauungen geworfen und zu einer That, die „der Parteien Haß und Gunst verzerrt" durch seine Wahrheitsliebe genötigt, zu seinen Lebzeiten viel mehr Aussicht zu haben schien, ein Märtyrer und im gewissen Sinne sogar auf Jahrhunderte hinaus der dauernde Prügelknabe gewisser Ideen zu werden. Hier liegen sicherlich außergewöhnliche Verhältnisse vor. Hinter den Dingen erscheint ein Mann, der nicht nur in den Dingen selbst ein führender Geist, sondern der ein führender, ein vorbildlicher Mensch und Charakter war.

II.

Jugend und erste Lehrjahre.

Das Geschlecht der Darwins war seit alters fest in England ansässig. Als begüterte Grundbesitzer tauchen sie im sechzehnten Jahrhundert auf. In den politischen Wirren schwankt in der Folge wohl das äußere Glück der Familie, aber man erhält den Eindruck eines tapferen, mannhaften Stammes, der sich stets wieder ehrlich heraufzukämpfen wußte. Immer, in Charles Darwins ganzem Leben, fühlt man etwas wie die ursprüngliche Zugehörigkeit zu einer Linie kerniger

Männer, und auch seine Söhne haben das gute Erbe wieder bewährt. Ein Hauch gesunder Landluft weht über die Familiengeschichte dieser Darwins. Sie bewirtschafteten ihren Besitz, der schließlich immer noch so bedeutend war, daß der größte ihres Stammes seine Lebensarbeit über die „Entstehung der Arten“ mit der vollen Muße eines in allen materiellen Dingen sorgenfreien, ja bei seiner schlichten Lebensart reichen Mannes durchführen konnte. Aber früh regten sich auch schon tiefe geistige Gaben. Schon der Urgroßvater wird als Naturfreund erwähnt. Und durch den Großvater, Erasmus Darwin, wurde sogar der Name Darwin im vorigen Jahrhundert bereits einmal in gewissem Maße berühmt. Erasmus verband, ein gewiß nicht gewöhnlicher Fall, mit ausgebreiteten naturwissenschaftlichen Kenntnissen und einer begeisterten Liebe zur Natur dichterische Fähigkeiten. Wer die Welt nach der Schablone beurteilt, der hält solche Doppelbegabung auf zwei scheinbar so verschiedenen Gebieten wohl für ganz unmöglich. Aber die Wirklichkeit richtet sich nicht nach engen menschlichen Schablonen. Auch in Erasmus' Enkel Charles hat sein Leben lang ein Zug zum Dichter gesteckt. Freilich äußerte sich das nicht so, daß er nun in seinen wissenschaftlichen Fachstudien am unrechten Ort ins Blaue hinein fabuliert hätte, wie es ihm wohl kurzsichtige Gegner vorwarfen, die seine unendliche Sorgfalt um jede winzigste Thatsache der Wahrheitsforschung gröblich verkannten. Aber ein Dichter im Sinne eines Mannes, der alle Mittel der höchsten plastischen Gestaltung beherrscht, wurde er, wenn er in seiner wundervollen Reisebeschreibung das Bild ferner Zonen dem Leser vor die Seele zauberte, — und ein Dichter war er in gewissem Sinne auch in seiner größten Arbeit, wenn er mit genialem Fernblick das Ganze unserer Kenntnis von den Gesetzen des Lebens auf der Erde zusammenfaßte und zu einer hohen, bisher von niemand geahnten Theorie vergeistigte, die über Jahrmillionen der Erdgeschichte rückwärts flog und das Werden der Dinge aus dem dunklen Buche der Natur zu enträtseln sich vermaß. Bei dem Großvater Erasmus kam die Doppelbefähigung etwas wunderlicher heraus, er kleidete seine wissenschaftlichen Ideen in wirkliche lange Lehrgedichte, wobei die Poesie dann wohl nicht immer zum besten fuhr. Merkwürdigerweise zeigten aber einzelne dieser Ideen selbst den alten Erasmus als scharfsinnigen, seiner Zeit oft weit voraufeilenden Kopf, und es ist nicht zu leugnen, daß Erasmus Darwin grade den allgemeinen Gedanken einer natürlichen Entwickelung aller Dinge auf Erden, auch mit Einschluß der Tier- und Pflanzenarten, schon selbst ziemlich klar vor Augen gehabt und ausgesprochen hat; bloß daß er ihn damals noch in keiner Weise wirklich wissenschaftlich begründen konnte, so daß er den Zeitgenossen und nächsten Nachfolgern recht wie ein leichter dichterischer Scherz bei ihm vorkam, den man nicht ernstlich zu erörtern brauche.

Der Großvater Erasmus ist als ein in seiner Art wohl geachteter und sogar öffentlich vielfach gefeierter Mann 1802 gestorben. Er hinterließ einen Sohn Robert, der in Shrewsbury Arzt wurde. Robert war weder Dichter, noch zeigte er Hang zu eigentlicher naturwissenschaftlicher Fachforschung. Aber alle guten Charaktereigenschaften der Familie schienen sich in ihm vereinigt zu haben, um ihn zu einem jener stillen, aber erhabenen Vertreter der Menschheit zu machen, deren höchster Ehrentitel in dem Worte „Mensch" selber umschlossen ist. Ein gewaltiger Mann an Leibesstärke und Gesundheit, war er durch seine reinen und weichen Gemütseigenschaften mehr ein Arzt der Seele als des Körpers, zu dem sich gleichwohl die Patienten drängten. Blut war ihm ein Gräuel, eine Eigenschaft, die sein Sohn erben sollte. Aber sein Stolz war eine kunstvolle Diagnose jeder Krankheit auf Grund ganz individueller, bei jedem Einzelnen neu und verändert angewandter seelischer Beobachtung. Charles rühmte von seinem Vater noch im Alter, er sei der „weiseste Mann" gewesen, den er je kennen gelernt, und jedenfalls war er im edelsten Sinne, was man einen alten Praktiker aus der Lebensschule nennt.

Im Doktorhause zu Shrewsbury wurde am 12. Februar 1809 Charles Darwin, der Mann der „Entstehung der Arten", geboren. Die Mutter starb schon sehr früh, und was der Sohn durch Lehre im Elternhause geworden, das dankte er dem Vater und den älteren Geschwistern. Es scheint, daß diesem Vater mehr daran gelegen war, seine Kinder allgemein zu tüchtigen Menschen zu erziehen, als sie von früh an auf einen bestimmten Beruf vorzubereiten. Wenigstens war Charles' Erziehung eine ziemlich ungebundene, und bis in die reiferen Jahre hinein, ja wohl überhaupt so lange sie dauerte, entbehrte sie so sehr jedes ernstlichen Zwanges, daß man stets das Gefühl behält, der Vater stand zum Sohne nicht als höhere Macht, deren Willen auf alle Fälle entschied, sondern mehr wie ein treuer älterer Freund, der in guten Gesprächen Ratschläge gab, über Lebenspläne und Absichten Belehrung aus seiner größeren Erfahrung heraus zu erteilen suchte, sich aber auch ebenso gern selber belehren ließ. Schon um die Zeit als der Junge mit acht Jahren in die einfachste Knabenschule kam, zeigten sich Andeutungen von Liebe zu naturgeschichtlichen Dingen. Aber sie äußerten sich zunächst mehr in allgemeiner Sammelwut für naturgeschichtliche, aber auch andere Gegenstände, und es wird in diesen Jahren immer schwer sein, eine individuelle Neigung wirklich herauszufinden gegenüber einem allgemeinen Triebe, der wohl die meisten überhaupt begabteren Kinder einmal ergreift, um bei der Mehrzahl doch ganz ohne Folgen zu bleiben. Im Alter sagte Darwin selbst einmal halb scherzend, die Leidenschaft des Sammelns, zum wirklichen Lebenszweck geworden, pflege den Menschen „zum systematischen Naturforscher, zum Virtuosen oder zum Geizhals" zu bestimmen. Hübsch war aber, wie bei diesem kleinen Knaben die Sammelwut sich schon korrigiert zeigte durch gute moralische Regungen, in denen man die wahre leitende Hand des vortrefflichen Vaters durchzufühlen glaubt: beim Eiersammeln wagte er dem Vogel nicht mehr als ein einziges Ei vom Neste fortzunehmen; selbst auf Kosten des Erfolges konnte er sich nicht entschließen, beim Angeln lebendige Würmer an den Haken zu heften; als er einmal in einem Anfall knabenhaft rohen Kraftgefühls ein hülfloses junges Hündchen geschlagen hatte, lastete das Schuldbewußtsein lange Zeit schwer auf seinem Gewissen.

Solche kleinen Züge sind für seinen Charakter für alle Folge mehr bestimmend gewesen als das eigentliche Sammeln. Wohl ist Darwin in seinen späteren Jahren ein Sammler geworden, der seines gleichen suchte: auf seiner Weltreise hat er ein gradezu unabsehbares Material an Schätzen der Wissenschaft, Tiere, Pflanzen und Gestein, zusammengebracht, und alle seine Bücher mit ihren tausend und tausend Thatsachen sind immer entstanden auf Grund eines wahrhaft genialen Sammeltalentes, womit er Jahrzehnte lang in großen geordneten Mappen Zettelchen um Zettelchen aneinander reihte, bis jede Behauptung mit unerschöpflichem Beweismaterial gestützt erschien. Aber bei alledem blieben seine warmen Herzensregungen in dem Sinne, wie sie schon das Kind gezeigt, allezeit lebendig, ja sie verstärkten sich noch. Unnachsichtig trat er jeder Roheit entgegen auch da, wo sie sich mit irgend welchen wissenschaftlichen Zwecken entschuldigen wollte. Das Tier, die Pflanze waren ihm auch da, wo er anerkannte, daß der ernste Forscher ihrer zu seinem Werke bedürfe, etwas Heiliges. Ein nutzlos herabgeschossener Vogel, eine leichtsinnig gebrochene Blume erschien ihm als schwere Versündigung. Im hohen Alter, da die Milde nach jeder Richtung wie eine Verklärung über ihm lag und schweres Leiden ihn schon äußerlich zurückhalten mußte, irgendwie mit starker Leidenschaft in eine Sache einzugreifen, konnte ihn doch eine Tierquälerei zum lodernden Zorn treiben. Seine Kutscher wußten, daß er, der die Höflichkeit selbst gegen den untersten seiner Leute war, keinerlei Spaß mehr verstand, wenn sie auf ihre Pferde grob einhieben, — es galt wie eine Redensart: „Wenn das Mister D a r w i n sähe!“ Und seine Familie sah ihn bleich und krank heimkehren, weil er, der Mann des Friedens, auf offener Straße einen furchtbaren Zwist mit Fuhrleuten gehabt hatte, die ihre Tiere schlugen. Als man bei ihm als einem Manne von Weltruf Rat holte, ob gewisse Experimente an lebenden Tieren zu Zwecken physiologischer Forschung nicht einfach staatlich zu verbieten seien, mußte er zwar als folgerichtiger Vertreter der strengen wissenschaftlichen Arbeit und um des h ö h e r e n Zweckes willen, den solche Experimente für den Fortschritt der menschlichen Heilkunde besitzen, seine wenigstens bedingte Billigung dieser Dinge aussprechen, aber zugleich machte er seinem ganzen Groll Luft gegen die unsinnigen und grausamen Jagden in England, die lediglich Sportzwecken und Eitelkeiten niederer

Art dienten, dabei aber tausendmal mehr Tierquälerei mit sich brächten als alle wissenschaftlichen Tierexperimente in den Laboratorien der Naturforscher. Man begreift gut, wie einem lauteren Gemüte, das so empfand und handelte, der theoretische Gedanke nicht viel Bedenkliches haben konnte, den Menschen hinsichtlich seiner Entstehung mit dem Tiere direkt in Verbindung zu bringen. Das Tier war ihm wohl eine unvollkommene, unentwickelte Form, aber nichts grundsätzlich vom Menschen Geschiedenes. Ihm mußte der Einwurf der Gegner, daß jede Vergleichung von Mensch und Tier schon etwas Entwürdigendes habe, an sich wie eine Art Beleidigung des Tieres erscheinen. Selbstverständlich verfiel er dabei nicht in den umgekehrten Fehler, daß er sein Herz, das dem Tier und überhaupt jedem lebenden Wesen so unbeschränkt offen stand, dem Leiden des Menschen verschlossen hätte, wo er darauf traf. Auf seiner Weltfahrt, deren gewaltige Bilder bis zum letzten Tage seines Lebens wie eine läuternde, im Guten und Großen immer neu befestigende Macht vor seiner Seele standen, war ihm wohl die furchtbarste Erfahrung der Anblick der Sklaverei in Amerika. Den Greis verfolgten noch die Schreie der gequälten Sklaven, die er einst in Brasilien vernommen, bis in den Schlaf. Und nie hat er flammendere Worte gefunden, als wenn er dieser tiefsten menschlichen Erniedrigung gedachte, die ihm im Leben entgegen getreten war.

Vom neunten bis zum sechzehnten Jahre besuchte Darwin eine Privatschule, die sich in ihrem Lehrstoff unseren Gymnasien vergleichen ließ, aber viel ausschließlicher als diese sich auf klassische Sprachen und alte Geschichte beschränkte. Der reife Mann maß rückschauend diesem Unterricht kaum noch irgend einen Wert für seine wahre Bildung bei. Es mag eine ganz verzopfte Anstalt gewesen sein, deren Bestes vielleicht bloß noch das echt englische Maß von Freiheit zu gymnastischer Übung und gesunder körperlicher Anstrengung war. Für fremde Sprachen, alte wie neue, mangelte aber Darwin, was doch auch hinzuzufügen ist, sein Leben lang individuell jede Begabung: er, der Vielgewanderte und der Mann, der später grade auf dem Kontinente eine so begeisterte Gemeinde gefunden hat, brachte es nie fertig, ein deutsches oder französisches

Buch glatt durchzulesen; die Klagen darüber erfüllen viele seiner Briefe. Seine Leistungen in jener Schule waren denn auch mäßig, er galt allgemein für einen Jungen ohne besonderes Talent, eher unter dem Durchschnitt. Aber in Wahrheit keimten grade jetzt tiefere Gefühle und Neigungen in dem jungen Gemüt. Anerzogene religiöse Gedanken trafen früh auf warme Empfänglichkeit und wurden mit tiefer Hingabe innerlich verarbeitet. Lange einsame Spaziergänge in grübelnden Gedanken verrieten eine fast vorzeitige Neigung zu einem Leben voller Selbstdenken. In solchen Grübeleien fiel der Knabe einst von einem alten Festungswerk tief in den Graben hinunter, ohne doch Schaden zu nehmen: noch lange beschäftigte ihn die Erinnerung an die blitzschnelle Bilderkette, die da in dem kurzen Moment des Sturzes durch seine Seele geschossen war. In guter Stunde gingen ihm die Meisterwerke der englischen Dichtung, Shakespeare, Skott und Byron, wie eine lichte Offenbarung auf. Am meisten aber — und jetzt trat da wohl wirklich schon ein individueller Zug deutlich heraus, ergriff ihn alles, was mit der Natur zusammenhing. Reisebeschreibungen zeigten ferne, in unendlichem Reichtum einer paradiesischen Natur prangende Länder. Mit dem Sammelglase ging es auf die Insektenjagd, selbst die Flinte zum Vogelschießen geriet schon sehr früh in die Hand des Knaben, der auf dem Lande, unter mancherlei im Stadtleben unwahrscheinlichen Anregungen frisch und derb aufwuchs. Freilich meldeten sich auch hier wieder die Skrupel: rührend erscheint, wie der zehnjährige Knabe schwankt, ob er Insekten für seine Sammlung einfach töten dürfe und ob es nicht geratener sei, bloß die schon tot aufgefundenen mitzunehmen.

III.

Die Universität.

Als sein älterer Bruder zur Universität sollte, nahm der Vater auch den jüngeren von der Schule fort und gab ihn einfach mit. Es war eine Art Verlegenheitsausweg. Aber schließlich war Vater Darwin ein reicher Mann und seine Kinder, so schlicht sie daheim aufgewachsen waren, würden nie um ihr Brot zu sorgen haben. Als man von Seiten der Schule klagte, der Junge treibe böse Allotria, er fange Käfer und schieße Vögel, anstatt lateinische Verse zu schmieden, mochte der Alte denken, daß sich da etwas klären müsse, ohne daß Vorschriften einstweilen hülfen, und die große Universität schien dafür nützlicher als die einseitige Schule. So kam Charles mit sechzehn Jahren nach Edinburg, offiziell um Medizin zu studieren, aber in Wahrheit wohl etwas als wilder Student. Der Glaube ist noch heute ein viel verbreiteter, daß für junge Leute, die mit einer ausgesprochenen Neigung für naturgeschichtliche Stoffe zur Universität gehen, das Studium der Medizin gewissermaßen das selbstverständliche sei. Überschaut man aber die Entwickelung der meisten, die es in den eigentlich naturgeschichtlichen Fächern zu etwas gebracht haben, so liegt in ihrem Leben hier durchweg ein ziemlich schwerer Konflikt anstatt einer Förderung. Grade der Beruf des Arztes ist nichts, was sich mit halber Seele und gleichsam wie eine vorläufige Brücke zu etwas ganz anderem betreiben läßt. Er fordert den ganzen Menschen und fordert in diesem eine ganz bestimmte Veranlagung, die sich keineswegs ohne weiteres mit allgemeinem Talent für Naturforschung deckt. Es kann ein junger Mann ein Genie für Zoologie oder Botanik und doch zum Arzt gleichzeitig genau so unbegabt sein, wie er es vielleicht für klassische Philologie wäre. Dabei kommt noch hinzu, daß grade die praktischen Anfangsgründe der Medizin, zumal in ungeschickt derber Lehrerhand, für sehr zart organisierte Seelen leicht etwas besonders Beunruhigendes, schließlich Abstoßendes umschließen, das dem Betreffenden die Angst gibt, er tauge überhaupt nicht für das ganze Naturgeschichtsfach, — ein Konflikt, der ganz überflüssig wäre, wenn der Student sogleich auf das feinere Gebiet resolut losginge, dem seine wahre Neigung entspricht. Darwin, wohl überhaupt zu früh auf einer Universität sich selbst überlassen, kam durch die Medizin alsbald zu solchen Zweifeln an seinem Beruf. Die Vorlesungen langweilten ihn aufs äußerste. Der Sohn eines so beliebten alten medizinischen Praktikers flüchtete vor Operationen und ging bald allem aus dem Wege, was in diese Linie führte: es wurde ihm und andern klar, daß er durchaus untauglich sei zum Arzt. Zwei Jahre, die er in Edinburg als guter Kerl, aber immer schlechterer und lässigerer Musikant verbrachte, drohten für seine Bildung wie für seinen Mut eher hinderlich als fördernd zu werden. Wohl trieb ihn der eigene Eifer in einzelnen glücklichen Momenten immer wieder in sein eigentliches Neigungsgebiet, die Tierkunde, hinein. Er versuchte mit einem Freunde am Meeresstrande Seetiere zu zergliedern und so selbständig über das bloße Jagen und Sammeln hinauszugehen. Leider bot aber grade für die wissenschaftliche Tierkunde Edinburg gar keine irgendwie brauchbare Anregung, ebenso wenig wie für Geologie, das Studium der Erdgeschichte, ein Fach, in dem Darwin nachmals vollkommen heimisch werden, ja, das er als Meister beherrschen und ausbauen sollte. Schließlich blieb es bei einem unstäten Leben; statt im Kolleg zu sitzen, ritt der blutjunge Student mit der Flinte im Lande herum, stählte seinen Körper, übte das Auge, beobachtete dies und das im freien Leben der Natur auf den schottischen Heiden, — aber kein Mensch und er selbst am wenigsten wußte, was das werden solle.

Als zwei Jahre um waren, rief ihn der Vater heim. Man einigte sich in Güte, daß es mit der Medizin nichts sei, und das erschien wie von selbst als Todesurteil für alles sonstige Studium der Naturgeschichte. Väter, die über den Beruf ihrer Söhne entscheiden sollen, haben immer ein stilles Hoffen, daß der Sohn gleichsam die Ideale ihres eigenen Lebens weitertreiben möge. In Vater Darwin, dem unermüdlichen Helfer und Menschenfreunde, steckte im Grunde so viel vom Seelsorger wie vom Arzt. War es mit dem Arzte bei dem Jungen verloren, so meldete sich das andere Ideal: er sollte Prediger werden. Und der junge Käfersammler und Reiter, dem die wissenschaftliche Naturforschung auf einmal grau erschien wie die Hörsäle von Edinburg, der kein Band mehr sah zwischen seinen lustigen Streifzügen und der anscheinenden großen Langeweile dieser „Wissenschaft", dem aber zugleich graute vor dem Jammer und dem Leichenhauch der Anatomie: er willigte ein, ein schlichter Landgeistlicher zu werden. Glaubenszweifel besaß er nicht. Im Gegenteil war er trotz seiner Jagdpassion zweifellos unvergleichlich viel tiefer veranlagt und schon durch eigenes Grübeln mehr auf religiöse Dinge hingetrieben als wohl die Mehrzahl der Medizinstudenten es in solchen Jahren zu sein pflegt. Das Leben eines kleinen englischen Pfarrers, hingebracht in Menschenliebe, Hülfe mit Rat und That, Toleranz und unschuldigem Genuß eines eigenen sorgenfreien Daseins, erschien ihm wie ein Idyll. Und nachdem er rasch entschlossen noch einen kurzen klassischen Repetitionskursus, der zu diesem Studium unerläßlich war, durchgemacht, erscheint er nach Weihnachten 1827 in Cambridge als Studiosus der Theologie.

Nun folgen drei merkwürdige Jahre in Darwins Leben. Für einen schwachen Geist hätte es eine Zeit ernster Gefahr werden können. Ihm aber schlug grade das Sonderbarste zum Guten. Kaum im neuen Studium, so fühlte er, daß auch die Theologie ihm nichts Befriedigendes biete. Das Einleben in die eigentliche theologische Wissenschaft erschien ihm genau so grau, wie früher die Versuche mit der Medizin in Edinburg. Seine Energie, mit den Jahren offenbar erstarkend — er ging ja jetzt auf und über die Zwanzig — hielt allerdings diesmal länger durch, und mit viel Mühe und wenig Laune hat er es in Cambridge in den drei Jahren wenigstens bis zum ersten theologischen Examen gebracht und die Würde eines „Baccalaureus der Theologie“ erlangt. Das war aber auch alles, und es füllte, alles in eins gerechnet, nur einen winzigen Teil seiner Zeit in diesen Jahren aus. Es scheint nicht, daß der Wandel der jungen Studenten der Gottesgelahrtheit damals, ums Ende der zwanziger Jahre unseres Jahrhunderts, in Cambridge besonders streng und weltabgewandt gewesen sei. Man führte ein munteres Leben, wohl vielfach bis in die Auswüchse des Kneipentreibens hinein, mit Trinkgelagen, heiteren Liedern, selbst Kartenspiel und, für englische Verhältnisse der Zeit unerläßlicherweise, sehr viel Turnen, Reiten und Schießen. Darwin stand, trotz aller Sorgen und Skrupel um seinen wahren Beruf, jetzt in der Periode überschäumender Lebenslust. Eine Weile warf er sich fröhlich mit in den Strom. Es hätte grade für ihn aber gefährlich werden können, da er etwas zu betäuben hatte, das ihn quälte, und leicht hätte er den Weg zu rechter Arbeit und höheren Zwecken ganz darüber verlieren können. Den Vater mochte manchmal die Angst beschleichen, daß es so komme. Doch an diesem starken Charakter, der im dunklen Drange doch immer auf ein Ziel losging, mochte er treiben was er wollte, prallte in Wirklichkeit alles ab.

Das Glück half dabei mit. In Cambridge blühte die beschreibende Naturforschung ganz anders als in Edinburg. Und die Brücke, die der junge Mediziner nicht hier hinüber gefunden, fand jetzt der Theologe. In Cambridge lehrte Professor Henslow, eine Art Mischung von Pfarrer und Naturforscher, streng kirchengläubig, aber von Fach Botaniker und als Mensch von unbegrenzter Liebenswürdigkeit wie Charakterreinheit. Dieser Henslow fand Gefallen an Darwin und er wurde im wahrsten Sinne sein guter Genius. Noch immer streifte Charles nach seiner alten Art in allen Mußestunden mit der Büchse durchs Land oder ging auf die Käferjagd, wobei ihn ein seltenes Exemplar in einen Freudenrausch versetzen konnte, den der Greis in hohen Jahren noch nachzittern fühlte, wenn ihm ein Insekt der Art wieder vorkam. Henslow freute sich dieses Eifers, nur versuchte er ihn zu vertiefen. Er nahm den jungen ungeschulten Naturfreund mit auf seine botanischen Exkursionen und brachte ihm nach und nach, indem er an seine Neigungen anknüpfte, wie spielend ein gut Stück echter kritischer Methode des Beobachtens und die reine Freude an solcher bei, — eine Freude, die eine gewaltige Stufe allerdings wieder höher stand als die einfache Fröhlichkeit über den Fang eines seltenen Käfers. Henslow sah mit gutem Scharfblick, daß hier kein zünftiger Theologe im Werden war. Als das Baccalaureats-Examen wie eine Art Ehrensache glücklich abgethan war, riet grade der fromme, aber unbefangen das Beste abwägende Lehrer zum resoluten Einarbeiten in die Naturforschung. Zur Stärkung seiner jetzt so glücklich angebahnten wirklich wissenschaftlichen Beobachtergaben empfahl er Darwin einen Kursus zunächst in praktischer Geologie. Er wies ihn an seinen Kollegen im Fach der Gesteinskunde und Erdgeschichte, Sedgwick, und der nun nahm den jungen Mann ums Ende jener drei Jahre mit auf eine geologische

Studienreise durch das westliche England. An geschulter Hand lernte Darwin die praktischen Anfangsgründe der geologischen Forschung, so weit man damals in dieser noch sehr jungen Wissenschaft solche bereits besaß. Noch schwankte Charles etwas, ob das nicht auch wieder bloß graue Weisheit sei, die sein nach Leben dürstendes Auge dauernd nicht befriedigen werde. Er fand gleichsam den rechten Faden noch nicht, der alle diese Erkenntnisstücke verlebendigen, aus der Trennung der sondernden Wissenschaft wieder in Eins zusammenknüpfen sollte. Es war in diesem unruhigen jungen Kopf offenbar etwas ganz Eigenartiges angelegt, das tief aus dem Innersten kam: zugleich eine fast wilde Abwehr gegen alles Trockene, aufgezwungen Systematische, entwickelt entschieden damals bis zur Ungerechtigkeit, — und eine brennende Liebe doch zur Forschung, zu den Dingen selbst, zur Wahrheit und Wirklichkeit. Weder er selbst in jener Zeit, noch ein anderer hätte sich ein Bild machen können, wie dieser Widerspruch klar zu lösen und dieser gährende Most in reifen Wein zu verwandeln sei.

IV.

Die Reise um die Erde.

Am Tage der Heimkehr von dieser geologischen Fahrt fand Darwin in Shrewsbury einen Brief vor, der thatsächlich die Lösung gebracht hat, wenn man alles überschaut, was an verwickelten Folgen aus ihm hervorgeblüht ist. An den zweiundzwanzigjährigen Studenten trat etwas heran, was wie mit einem Schlage alle seine Berufszweifel vernichten und ihn, den kleinen widerwilligen Theologen von Cambridge, jäh hinausreißen sollte in große Dinge der Welt, die auch von ihm das Größte verlangten, ihn dafür aber auch auf einmal in ein grelles Licht stellten, auf das eine Unmenge von Augen erwartungsvoll gerichtet waren. Das kam rasch und überraschend, fast unwahrscheinlich wie im Märchen. In der

Zeit von 1826 bis 1830, während Darwin sich in Edinburg und Cambridge mit Dingen mühte, die ihm alle nicht gefallen wollten, spielten sich weit von dort entfernt, auf der Südhalbkugel der Erde, merkwürdige Ereignisse ab. Zwei englische Schiffe, Adventure und Beagle, besuchten in diesen Jahren die äußersten Teile von Südamerika. Mit großer Sorgfalt wurden die vielfach zerrissenen, der Schiffahrt gefährlichen Küsten vor allem des sogenannten Feuerlandes aufgenommen, jener großen Insel, die durch die Magalhansstraße vom Festlande von Südamerika getrennt wird und südwärts sich zum Kap Horn zuspitzt. Das Feuerland ist von wilden Menschen bewohnt, die auf einer sehr niedrigen Stufe der Kultur stehen. Eines Tages stahlen diese Wilden den Engländern ein Boot. Der heftige junge Kapitän des „Beagle", Fitz Roy mit Namen, machte kurzen Prozeß und ließ mehrere der Eingeborenen als Geiseln auf das Schiff bringen. Nachträglich faßte er dann, als er die Leute einmal da hatte, den einigermaßen seltsamen Plan, sie mit sich nach England zu nehmen, damit sie dort etwas kultivirt und in Religion unterrichtet würden. Jedenfalls gab er den Leuten und sich das feste Versprechen, sie in absehbarer Zeit wieder in ihre Heimat zurückzubringen. Kapitän Fitz Roy war ein etwas sonderbarer Herr. Für die Wissenschaft hat er auf mehrfachen Reisen Bedeutendes geleistet, er besaß das ganze Genie und die Energie zum Seefahrer großen Stils. Menschlich trug er zweifellos Züge vom spleenigen Engländer an sich, eine melancholische Anlage verbitterte ihm das Leben und lange Jahrzehnte später, als er in höchsten Würden und berechtigtem Ansehen als Fachautorität stand, hat er in solchem krankhaften Schwermut sich selbst den Tod gegeben. Damals indessen war er jung und frisch und neben den minder guten Zügen traten seine edlen und großen entscheidend hervor. Die so gewaltsam begonnene Sache seiner Feuerländer lag ihm, als er 1830 nach England heimgekehrt war, wirklich sehr am Herzen. Er beschloß, im Jahre darauf ein eigenes Schiff auszurüsten, um die nun etwas von unserer Kultur (wenigstens äußerlich) beleckten Naturkinder wieder in ihr ödes, sturmgepeitschtes Feuerland heimzuschaffen. Ehe es jedoch zur Abfahrt kam, mischte sich die englische Regierung ein. Man hatte die äußerst brauchbaren Eigenschaften des jungen Kapitäns kennen gelernt, und da die Aufnahmen der südamerikanischen Küsten zum Zweck genauer, für die Schiffahrt maßgebender Karten auf der früheren Expedition noch nicht zum Abschluß gebracht worden waren, beschloß man, Fitz Roy auf Regierungskosten noch einmal mit dem Schiffe Beagle auszusenden. Seine braven Feuerländer konnte er ja auch so wieder an ihren alten Fleck bringen. Fitz Roy willigte ein, und eben jetzt, im Sommer 1831, war alles zum Auslaufen der neuen Expedition bereit. Die geographischen Vermessungen und sonstigen Arbeiten, die es auszuführen galt, lagen alle im Bereich der Fähigkeiten bestimmt geschulter Seeoffiziere, es bedurfte dazu nicht der Mitnahme besonderer Fachnaturforscher. Fitz Roy hatte aber die Erfahrung von früher mitgebracht, daß irgend ein guter Botaniker, Zoologe oder Geologe außerordentliche Resultate grade bei Erforschung dieser noch sehr unvollkommen bekannten Länder gleichsam nebenher einheimsen würde. Die Regierung ging darauf ein — und im letzten Moment entschloß man sich, eine geeignete Kraft noch zu suchen, die unter allerdings ganz bescheidenen Bedingungen Lust hätte, mitzukommen. Das Anerbieten erging an Henslow in Cambridge. Henslow selbst war, als Familienhaupt und in fester Stellung, nicht so kühn, sich den Strapazen und Unsicherheiten einer mehrjährigen Reise in ferne Zonen und zum Teil fast unbekannte Länder zu unterziehen. So sollte er einen andern vorschlagen. Und Henslow schrieb an Darwin. Da war ein junger, unabhängiger Mann, zweifellos mit Beobachtergaben, und wenigstens nicht mehr ganz ohne Elementarkenntnisse in den wichtigsten Punkten, um die es sich handelte, zudem ein junger Mensch, der, man mochte wohl sagen, auf ein Gottesurteil lauerte, das ihm eine entschiedene Straße weisen sollte. Darwin hatte in der letzten Zeit grade sehr viel Humboldt gelesen. Er hatte selbst davon gesprochen, eine Reise mindestens bis nach Teneriffa, das Humboldt so verlockend schildert, in nächster Zeit zu unternehmen. Warum sollte er nicht gleich bis zum Feuerland, oder, wie die Fahrt des „Beagle" im ganzen vorgesehen war, mit um die ganze Erde fahren?

Der Brief Henslow's traf Darwin, wie gesagt, in Shrewsbury. Das gab nun viel Beraten und Kopfschütteln daheim. Dem Vater kam es denn doch etwas gar zu seltsam vor, seinen jungen Baccalaureus der Theologie auf einmal für die Feuerländer her zu geben und zwar nicht einmal, um diesen das Wort Gottes zu predigen, sondern um nach wissenschaftlicher Methode fremdartige Steine zu klopfen und Käfer der Südhalbkugel zu fangen. Charles war schon ganz kleinlaut. „Ich würde Dich mitgehen lassen," sagte der Alte schließlich, „wenn Du irgend einen Mann finden kannst, der bei gesundem Menschenverstande Dir rät, zu gehen." Glücklicherweise fand sich am Tage darauf grade ein solcher Mann, ein Onkel, auf den der Vater viel hielt und der sofort erklärte, hier gelte es einfach resolut zugreifen. Wenige Tage später war alles erledigt. Darwin reiste zu Henslow und von da zu Fitz Roy, sich vorzustellen. Noch hing hier alles an einem Haar, drolligerweise. Dieser spleenige Kapitän glaubte als Schüler des berühmten Physiognomikers Lavater den Charakter eines ihm unbekannten Menschen untrüglich an der Form der Nase erkennen zu können! Darwins Nase aber gefiel ihm im ersten Augenblick nicht, er vermeinte aus ihr Mangel an Energie herauszulesen. Darwin hat auf allen Bildern ein höchst charakteristisches, aber kein schönes Gesicht, und damals, als ihm der große Vollbart noch ganz fehlte, war das wohl noch mehr der Fall. Eine kühne Römernase hatte er ganz gewiß nicht, das ist nicht zu bestreiten. Und doch irrte sich Fitz Roy gewaltig, wie er später selbst dem Verkannten offen aussprach: Darwin hat auf der ganzen Reise eine geradezu bewundernswerte Energie entwickelt, die sogar im Gegensatz zu Fitz Roy selber mit einer besonders seltenen Gabe noch verbunden war, nämlich unverwüstlicher guter Laune. Zum Glück kam man auch damals schon über die fatale Nasenfrage weg, und am 27. Dezember 1831 segelte der Beagle mit Darwin als amtlichem Naturforscher der Expedition an Bord von England ab. Für den Glücklichen, hinter dem alles Grau der Hörsäle, alle Theologie und alle Zweifel lagen, während vor ihm die Tropenwelt im Glanz der begeisterten Schilderungen Humboldts aufstieg, war das

Datum ein „zweiter Geburtstag“, wie er selbst später sagte. Für die Naturforschung aber war es ein großer Tag auf Jahrhunderte hinaus. Diese Reise sollte aus Darwin schmieden, was er später war. Die Expedition Fitz Roy's aber, unternommen zu gutem praktischem Zweck, doch ohne höheren Gesichtspunkt als den eines im Detail einiger Küsten verbesserten Kartenbildes, sollte durch Darwins Anwesenheit, durch Darwins Gedanken eine Großthat der wirklichen Welterforschung werden, die an alle brennenden Fragen der Weltanschauung im reinsten, heiligsten Sinne rührte.

Für vier und einhalb Jahre verschwand Darwin jetzt nahezu aus dem Gesichtskreise seiner Verwandten und Genossen. Der Einzige, der in fortlaufender Berührung mit seinen Leistungen blieb, war der treue Henslow. Kiste um Kiste der auserlesensten Naturalien ging ihm zu, und den kenntnisreichen Fachmann mochte schon vor diesen Sendungen eine Ahnung fassen, welch glückliche Stunde ihn gerade diesen Mann hatte zu so verantwortungsreichem Werke bestimmen lassen. Obwohl ihrem Grundzweck nach auf Amerika angelegt, wuchs die Expedition des „Beagle“ in den langen Jahren allmählich zu einer wirklichen Weltfahrt aus, bei der drei Erdteile und im ganzen die Mehrzahl aller wichtigen Landgebiete der Südhalbkugel berührt wurden. Im äußeren Verlauf war es eine überaus glückliche Expedition, fast ohne gefährlichen Zufall vom ersten bis zum letzten Tage. An sich war das Schiff sehr klein und für feinere Wünsche unvergleichlich viel unpraktischer, als wir es heute bei einer streng wissenschaftlichen Fahrt auf Staatskosten irgend denkbar fänden. Aber der Kapitän that sein Möglichstes zu helfen und erwies sich als Förderer jedes höheren Zwecks. Und die übrige Besatzung, so sehr ihr auch die Handlungen eines Naturforschers, der Tiere fing und Kräuter trocknete, ein Gegenstand der Verwunderung, ja des Lachens sein mochten, that fest ihre Schuldigkeit, da der Anführer diese Dinge ernst nahm. Sehr bald stellte sich für alle übrigens auch heraus, daß der junge Darwin es nicht nur den Besten an Mut und Energie gleich that, sondern auch ein unverwüstlich guter Kamerad sei. „Unser lieber, alter Philosoph“, — mit diesem Spitznamen erinnerten sich in späten Jahren seiner noch die Offiziere des Schiffs. Mit Fitz Roy schloß er, nachdem ein erster starker Krach (Fitz Roy hatte die Sklaverei verteidigt und Darwin ihm — also damals schon — erregt widersprochen) wesentlich durch des Kapitäns guten Willen wieder beigelegt war, wirklich treue Freundschaft, die lange nachher die Reise überlebt hat. Jedesmal, wenn Darwin sich eine Weile vom Schiffe getrennt und eigene Exkursionen landeinwärts gemacht hatte, kehrte er zu seinem schwimmenden Haus wie zu einer Heimat zurück.

Es sollte in der Art der ganzen Reise begründet liegen, daß solche zeitweisen Trennungen sehr häufig eintraten. Die eigentliche Aufgabe der Expedition waren, wie erwähnt, genaue Vermessungen von Küsten für praktische Zwecke der englischen Seekarten. Das nötigte selbstverständlich zu langem Hin- und Herkreuzen am selben Fleck, zu wiederholtem Abfahren derselben Küstenstrecken. In solchen monatelangen Fristen durfte der Naturforscher sich am Lande selbst mit seinen eigenen Studien festsetzen, er konnte Strecken parallel zu Pferd oder im Wagen zurücklegen, Stücke abschneiden oder auch weite Abstecher ins Binnenland machen. Immer zur rechten Zeit holte ihn am genau vereinbarten Fleck später das Schiff wieder ab. Solche günstige Gelegenheit ist im ganzen Jahrhundert kaum einem zweiten Forscher auf der Südhalbkugel der Erde zu teil geworden. Im Fluge rann ein riesiges Panorama vor ihm hin, und doch blieb ihm erspart, das alles bloß vom Ozean her zu sehen, er konnte mit dem Hammer des Geologen bis an die fernen Schneeberge heran, die über den Ebenen aufragten, er hatte Muße, den winzigsten Käfer zu haschen, ja, er durfte im Lehmboden wühlen, um Muscheln der Vorzeit, Knochen verschollener Ungeheuer aus der Tiefe zu ziehen, die dem Kenner unschätzbare Geheimnisse verraten mußten. Natürlich erforderten diese selbständigen, meist mit fremden Leuten und ohne den Schutz der Matrosenfäuste unternommenen Streifereien in wilde Inseln und Kontinente hinein auch eine besondere Bethätigung von Körperkraft und Elastizität des Geistes, die nicht jeder so mitgebracht haben würde. Mit tiefer Dankbarkeit pflegte Darwin später davon zu sprechen, wie viel Leute ihm in so entlegenen Ländern begegnet seien, die ihm ohne jede Empfehlung, unter den gleichsam unwahrscheinlichsten Bedingungen, doch in uneigennützigster Weise ihre Hülfe hätten angedeihen lassen. Man wird aber hinzusetzen müssen, daß dies vielfach jedenfalls auf Gegenseitigkeit in der Weise beruhte, daß der fremde Forscher allerorten alsbald Interesse zu erwecken, die Herzen zu gewinnen und durch die durchsichtige Lauterkeit und Hülfsbereitschaft in seinem eigenen Wesen sich Freunde zu schaffen wußte. Er verstand es, den steifen Spanier der amerikanischen Pampas, den geschwätzigen Holländer am Kap, den Indianer und den Neger gleichmäßig fein und doch offen zu behandeln; genau so, wie er später, als der Kampf um die „Abstammung des Menschen" in Europa tobte, selbst hitzige Gegner durch die unerschütterliche seelische Reinheit, ja Heiterkeit seines in aller Verstandeshöhe dem Temperament nach kindlichen Gemütes zu entwaffnen gewußt hat. Immerhin muß man diese Züge gleich im Anfang der Reise doppelt bewundern bei einem so jungen Manne, der noch nicht in der Mitte der Zwanziger stand und in wenig verwickelten Verhältnissen aufgewachsen war, ja eigentlich, wenn man die Studentenzeit überblickt, bisher äußerlich wirklich kaum Gelegenheit gehabt hatte, sich zu einem Charakter von thatkräftiger Harmonie auszubilden.

Die Weltumsegelung des „Beagle" (der Name bedeutet, was als gutes Symbol zu nehmen ist, zu deutsch: „Spürhund") reichte vom Dezember 1831 bis zum Oktober 1836. Gleich der Anfang gab Darwin das, was er von sichtbaren Zielen am meisten ersehnt hatte: den Anblick der Tropenwelt. Teneriffa, die klassische Stätte Humboldt'scher Schilderung, blieb zwar beiseite liegen wegen der Cholera-Gefahr: nur der Gipfel des Piks ragte in einer reinen Morgenstunde wie ein Märchen über die Wolken. Aber auf St. Jago im kapverdischen Archipel grüßten die ersten Haine schlankstämmiger Kokospalmen. Dann ging's quer über den atlantischen Ozean an seiner schmalsten Stelle, wo er sich zwischen die riesigen Kontinente schiebt, — vorbei an dem absolut pflanzenlosen, von Seevögeln dicht bevölkerten St. Pauls-Felsen und dem vulkanischen Phonolitkegel der einsamen Insel Fernando Noronha, den im Gegensatz ein schaurig dichter Lorbeerwald kränzte.

Am 29. Februar 1832 berührte das Schiff in Bahia die Küste von Brasilien. Über den jungen Forscher kam der ganze Rausch eines ersten Schlendertages im echten tropischen Urwald. Sein Auge schwelgte im Anblick des glänzenden Grüns, der wundervollen Blüten, der nie gesehenen barocken Schmarotzerpflanzen, unter deren Last die Äste fast brachen, der Geist versenkte sich in das Schweigen der unberührten Natureinsamkeit, bis einer jener enormen Regengüsse der tropischen Gewitter hereinbrach und eine Lehre gab, auf welchen gewaltigen Feuchtigkeitsmassen dieses ganze Schauspiel schrankenlosester Pflanzenentfaltung begründet stand. Rund dreieinhalb Jahre sollte der „Beagle“ sich jetzt nicht mehr von den Küsten Südamerikas trennen. Er umsegelte sie von Bahia an der Ostseite bis nach Lima in Peru an der Westseite, zum Teil unter monatlangem Hin- und Herkreuzen und mehrfacher Rückkehr an denselben Fleck. Die berüchtigte Südspitze am Feuerland, sonst so rasch wie möglich von den Seefahrern genommen und wieder gemieden, bildete einige Zeit gradezu das Zentrum der Unternehmungen. Teils, wenn es Interessantes galt, an Bord, teils auf seinen eigenen Landtouren, gewann Darwin in diesen dreieinhalb Jahren ein Gesamtbild des südamerikanischen Kontinents nach allen Höhen und Tiefen (mit Ausschluß bloß der großen Stromgebiete im Norden), wie es vor ihm kein zweiter Reisender besitzen konnte. Mit einem Freunde ritt er von Rio de Janeiro ins brasilische Land hinein, durch Gebiete, wo die Ameisenbauten zwölf Fuß hoch wie kleine Vulkane aufstiegen und nachts die Vampyr-Fledermaus die Pferde ansaugte, auf einen Landsitz, wo die Sklaverei blühte, mit Sklavenauktionen, bei denen Mann und Weib nach vieljähriger Ehe, Eltern und Kinder einfach zu Geldzwecken des Besitzers für immer auseinander gerissen wurden. Vom Rio Negro (schon sehr viel weiter südlich, jenseits der La Plata-Mündung) geht er über Land rückwärts wieder bis Buenos Ayres. Hier gibt es keine Tropenwälder mehr, über die endlose Wüste ragt nur hier und da ein einzelner, als heilig verehrter Riesenbaum. Alles ist schon wild und gefährlich, von der Not des Verdurstens in der Dürre, wo der Boden wohl seeartig weite weiße Flächen von Salz zeigt, aber kein Wasser, bis zu drohenden Indianerüberfällen und den immerhin auch nicht ganz gefahrlosen Begegnungen mit dem damaligen politischen Herrn des Landes, dem berühmten General Rosas, der aber Darwin in Audienz empfängt und sehr anständig behandelt. In den Resten eines schon gerupften und halb verzehrten Vogels wird eine neue Art des amerikanischen Straußes entdeckt, die nachmals so benannte Rhea Darwinii, von der man lange Zeit nur jene damals geretteten Tischüberbleibsel besitzen sollte. Je näher dann dem tiefsten südlichen Winkel Amerikas, desto kälter wird das Land, desto ärmer an Erzeugnissen. Patagonien thut sich dem Wanderer auf, die Heimat jener seltsamen kameelartigen Huftiere, der Guanakos. Als der „Beagle“ die Mündung des noch nie erforschten patagonischen Santa Kruz-Flusses berührt, unternimmt der Kapitän mit einem Teil seiner Leute und, selbstverständlich, seinem Naturforscher eine Botfahrt stromaufwärts. Fünfundzwanzig Tage halten die kühnen Ruderer aus, sie durchqueren mehr als zwei Drittel der ganzen Breite des hier schon so schlank zugespitzten Kontinents, bis der kolossale Kondor-Geier über ihnen kreist und seine Heimat, die hohe Kette der Kordilleren, die auch hier unten noch immer am Westrande in hartem Kamm das Land begrenzt, vor den Blicken aufsteigt. Ganz bis an sie heran wagt man sich nicht mehr, da der Proviant schmal wird. Aber das Auge des Geologen hat entzückt auf dieser Fahrt das Strombett zu beiden Seiten, die Schichten der sogenannten patagonischen Tertiärformation (Ablagerungen einer längst vergangenen Erdenzeit) gleichsam für sein Studium bereit bloß legen und aufschneiden sehen, eine unerschöpfliche Fundgrube neuen Wissens über eine noch fast unbekannte Welt. Zweimal, zuerst im Winter (für jene Gegenden der Südhalbkugel natürlich Sommer!) 1832 auf 33, dann nochmals im Februar 1834 wird das ganz öde Feuerland durchforscht. Hier beginnen schon fast polare Verhältnisse, über düsteren Buchenwald und Torfmoore mit Alpenpflanzen hängen Gletscher herab und auch jetzt, im Hochsommer, braust unablässig der Sturm mit Hagelschauern und selbst Schneegestöber daher. Trotzdem hausen hier Menschen, nicht in Pelz gehüllte Eskimos, sondern Indianerstämme, die vielfach ganz nackt aller

Unbill der rauhesten Witterung trotzen. Das war nun der Ort, von wo damals Fitz Roy die Wilden gewaltsam mitgenommen hatte, um sie daheim etwas mit englischer Kultur zu bearbeiten. Merkwürdig genug: diese „Wilden“ hatten sich, so lange freundliche Lehre auf sie einwirkte, als erstaunlich gutes Material gezeigt, so daß man sie an Bord des „Beagle“ bei dieser neuen Reise gradezu gern hatte und sich betrübte, daß sie wieder in ihr ödes Land zurück sollten. Aber es war ihr Wunsch und Fitz Roy blieb hier durchaus fest. Als man am rechten Fleck war und die wilden Feuerländer desselben Stammes sich bei dem fremden Schiff sammelten, gab man die „gezähmten“ frei. Mit ihnen wurde ein englischer Missionar ans Land gesetzt. Die Heimgekehrten, in ihren englischen Kleidern und neuen Sitten, schämten sich anfangs, als sie ihre nackten Landsleute wiedersahen. Bald aber war der alte Ton zurückgefunden, und sie blieben scheinbar froh auf der alten Erde. Der Missionar freilich mußte gleich wieder mitgenommen werden, da die ansässige Partei der echten Wilden ihn aufs Gröblichste bedrohte. Fitz Roy hoffte, es werde auch ohne ihn durch die kleine direkte Einführung von Kulturerziehung in der Person jener Weitgereisten etwas Milderung der Sitten eintreten, — eine Milderung, die in der Folge schiffbrüchigen Europäern an diesen gefährlichen Küsten zu gute kommen könnte. Thatsache bleibt, daß beim zweiten Besuch des „Beagle“ im Feuerlande einer der alten Schiffsgenossen wieder auftauchte, aber im Äußern als vollkommener nackter Wilder. Sein Charakter, der immer gute Züge gezeigt, schien unverändert. Aber man durfte doch zweifeln, ob das ganze Experiment irgend etwas genützt habe. Wahrscheinlich sind die Beobachtungen, die Darwins genialer Scharfblick im Feuerlande gemacht hat, für die menschliche Kultur im Sinne eines großen Wissensbeitrags letzten Endes sehr viel wertvoller gewesen, als das ganze, im Prinzip gewiß gut gemeinte Unternehmen des braven Fitz Roy.

Nachdem auch die Falkland-Inseln nahe der Kontinentspitze noch untersucht worden waren — mit ihren Heerden verwilderten Viehs und ihren völlig geheimnisvollen, aus Myriaden weißer Quarzstücke zusammengesetzten „Steinströmen“

— wandte der „Beagle“ sich endgültig (vom Sommer 1834 ab) der Westküste von Südamerika zu. Nach dem atlantischen lernt Darwin jetzt den stillen Ozean kennen. Wie aus einer Gespensterwelt entronnen fühlt er sich, als das Schiff endlich nach dem endlosen Sturm des Feuerlandgebietes bei Valparaiso wieder in freundlichen Breiten anlegt. Über das chilenische Land weg winkt der Riesenvulkan Akonkagua aus den Kordilleren herüber, er wird damals von den Leuten des „Beagle“ zum ersten Mal methodisch gemessen und erweist sich als der höchste Gipfel Amerikas, 6970 m hoch, weit höher als der Chimborazo, den Humboldt einst für den Sieger im Wettstreit aller irdischen Gebirgserhebungen gehalten hatte. Die Nähe dieser großartigen Hochgebirgswelt gibt dem Naturforscher abermals ganz neue, überraschende Bilder. Mehrmals dringt er von Valparaiso und Santjago in die Kordilleren ein, durch das Land der wilden Puma-Katze (des amerikanischen Löwen) und der edelsteinbunten Kolibris bis an die reißenden Bergströme, auf deren Getöse, in das sich unablässig das Knirschen des mitgewälzten, langsam zermahlenen Gerölls mischt, er nächtlich lauscht, als Geologe sich fragend, welcher Kontinent, welches noch so hochragende Gebirge schließlich diesem bei Tag und Nacht fortarbeitenden Werke der Abnutzung widerstehen solle. Noch höher hinauf geht es dann auf wahre Alpenpässe, wo die Luft so dünn wird, daß den Wanderer die „Bergkrankheit“ befällt. Auf den blanken weißen Feldern glänzt hier und da in seltsamer Farbenschöne der „rote Schnee“, dessen Färbung dort wie in unsern Schweizeralpen eine kugelförmige rote Alge (Pflanze niedrigster Art) hervorbringt. Von der schwindelnden Paßhöhe aber öffnet sich jäh eine unendliche Fernsicht über jene östlichen Pampasebenen, die Darwin in den Jahren vorher von der La Plata-Mündung aus besucht hatte, eine platte Fläche wie das Meer, in der bei aufgehender Sonne das Flußnetz, das zum atlantischen Ozean absinkt, wie ein feines Gespinst silberner Fäden blitzt. Zu anderer Zeit wieder wird von Valparaiso eine Küstenexkursion, nochmals südwärts, mitgemacht. Der Chonos-Archipel wird durchforscht, wo die Kartoffel wild wächst. Beim Halt an der großen Insel Chiloë erscheint nächtlicherweise wie ein blutroter Stern fern über dem Lande der tobende, Lava speiende Vulkan von Osorno. Überall regten sich gleichzeitig die inneren Feuer der Kordillerenkrater. Und wenige Wochen später, als das Schiff im Hafen von Valdivia ankert und Darwin grade auf dem Lande sich im Waldgrün ergeht, offenbart plötzlich ein gewaltiger Erdstoß, daß die ganze Westseite von Südamerika in der Erdentiefe der Schauplatz stürmischer Ereignisse, lebensgefährlicher Gährungen ist. Als das Schiff weiter fuhr, zeigte sich, daß an andern Orten derselbe Stoß ganze Städte in Trümmer geworfen hatte. So durch die nicht endende Kette größter Ereignisse immer im Atem, im Eifer, in der denkbar regsten Arbeit gehalten, erfährt Darwin freilich auch zwischendurch, daß der Europäer meist nicht ohne Schaden von Klima zu Klima, von Strapaze zu Strapaze hastet: über einen Monat lang wirft ihn in Valparaiso eine sehr heftige Erkrankung aufs Lager. Zum Glück scheint dieser Zwischenfall wenigstens für die Dauer der Reise selbst keine nachhaltigen Folgen gehabt zu haben. Aber im ganzen mochte den sämtlichen Reiseteilnehmern, als die Vermessungsarbeiten an der amerikanischen Küste allmählich ins vierte Jahr gingen, der Wunsch lebhaft werden, überhaupt einmal wieder an die Heimreise zu denken. Da die Rücktour über Australien gehen sollte, forderte sie an sich ja noch Zeit genug, und wirklich hat sie rund ein Jahr in Anspruch genommen. Nachdem der „Beagle" zuletzt noch die Küste von Peru besucht und Darwin sechs Wochen in Lima zugebracht hatte, der alten Stadt des Pizarro, die so oft und furchtbar durch das Erzittern ihres hochvulkanischen Bodens leiden muß, wandte sich die Expedition im September 1835 endlich von Amerika fort und schlug den Kurs nach Westen (im kühnsten Sinne hier der Heimatkurs!) endgültig ein. Es folgt für Darwin eine letzte, an Eindrücken nochmals fast überreiche Bilderkette, deren Einzelglieder allerdings rascher vorbeiziehen. Die äußerst merkwürdigen vulkanischen Galapagosinseln, die noch eng zu Amerika gehören, werden sorgfältig untersucht. Dann geht's in die Korallenwelt des stillen Ozeans, — aus der unendlichen Wogenfläche dieses Riesenmeeres heben sich plötzlich winzig schmale Landstreifen, über deren schneeweißem

Strand ein dünner Saum von Palmen grünt; diese Landstreifen umschließen kreisförmig gebogen in ihrer Mitte eine Fläche glatten Wassers; es sind die sogenannten „Atolle", die interessanteste Form ozeanischer Inseln, deren Existenz und Gestalt lediglich der fortgesetzten Anhäufung und Übereinanderhäufung von Kalkgehäusen winziger Seetiere, der Korallen-Polypen, verdankt wird. Inmitten dieser reizenden Korallenpaläste glänzt auf einmal Tahiti auf, das viel verherrlichte Paradies der Südsee, das im vorigen Jahrhundert die halb romantischen, halb naturgeschichtlich angeregten Schwärmereien des jüngeren Forster in ähnlichen Ruf gebracht, wie es später Humboldt für Teneriffa erreicht hat. Es folgt nach dem Idyll das so viel gigantischere Neu-Seeland mit seinen heißen Quellen und Farrnwäldern, es folgt endlich die Feste Australiens selbst mit ihrer öden Küste, auf die der Fleiß und das geniale Kolonisationstalent der Engländer doch damals schon eine rasch aufblühende Großstadt wie Sidney zu pflanzen gewußt hatten, nachdem Cook (mit dem Forster die Südsee besuchte) erst einige sechzig Jahre früher überhaupt die nackte Örtlichkeit entdeckt hatte. Auch ins Innere des australischen Buschlandes unternimmt Darwin eine kurze Exkursion auf eigene Faust, er sieht die blauen Berge liegen, wandelt im Eukalyptus-Wald, dessen kirchturmhohe Bäume doch in Folge ihrer nicht flach, sondern senkrecht stehenden Blätter nur einen schwachen gitterartigen Schatten geben, und er beobachtet auf einsamer Farm bei einem Abendspaziergang an teichartig erweiterten Flußstellen das rätselhafteste Geschöpf Australiens, das Schnabeltier, ein Säugetier, das einen Schnabel wie eine Ente trägt und (was man damals allerdings noch nicht wußte) genau wie ein Vogel oder Reptil Eier legt. In Australien hatten die Weltfahrer des „Beagle" das neue Jahre 1836 begonnen. Im folgenden März versank dann auch dieser kleinste der fünf Erdkontinente wieder hinter ihrem Blick. Nochmals ging es, jetzt im indischen Ozean, zwischen Atollen durch, wo die Koralle und die Kokospalme unumschränkt herrschten und allein Land und Staffage bildeten. Im April wird Mauritius angelaufen, nach Teneriffa und Tahiti der dritte Ort fast verzückter Naturschilderungen aus älterer Zeit, die aber hier einem Franzosen,

Bernardin de St. Pierre, verdankt werden. Im Mai besucht Darwin den großen John Herschel, den Durchforscher des Südhimmels, auf seiner weltberühmten Sternwarte am Kap der guten Hoffnung und wirft einen flüchtigen Blick auf das Land, über dessen wilde Ebenen das Rinozeros trabt. Der Kreis der Erdumseglung begann sich mit dieser letzten Station zu schließen. Noch steigt St. Helena am 8. Juli wie ein „ungeheures schwarzes Schloß“ aus dem atlantischen Ozean und der englische Naturforscher besucht, wohl ohne viel Liebe, das einsame tragische Grab des ersten Napoleon, auf dem hier die Tropensonne brennt. Es wird sogar noch einmal in Bahia an der brasilianischen Küste angelegt, nachdem die Überfahrt fast so gerichtet worden ist wie einst in den Tagen kurz nach Kolumbus die des Portugiesen Cabral, der von der Küste Afrikas fort durch die westwärts ziehende Äquatorialströmung des Ozeans wider Willen nach Südamerika getrieben wurde und so das damals noch völlig unbekannte Brasilien entdecken mußte. Im gleichen Urwalde frischt Darwin die ersten Eindrücke wieder auf: sie erweisen sich als unverändert durch alles Folgende und haben sich ein ganzes langes Menschenleben hindurch ihm nie wieder verloren. Aber reisemüde war auch dieser eiserne Arbeiter jetzt, das Schicksal seiner heimgesandten Sammlungen und Notizen lag ihm am Herzen und mit voller Freude begrüßte er am 2. Oktober 1836 den Boden von Altengland, an den ihn denn doch wohl noch etwas mehr fesselte als jene armen Feuerländer an ihr ödes, unter Regenschauern begrabenes Vaterland. Ihn fesselte der Zusammenhang mit der großen Gemeinde forschender Geister. Für sie hatte er so lange Jahre jetzt als Pionier gerungen, und nun galt es gleichsam die Abrechnung, indem er seine Resultate veröffentlichte, eine letzte Leistung, die nur daheim, an den Stätten und mit den Mitteln heimischer Wissenschaft möglich war.

V.

Neue Gedanken.

Darwin pflegte die Reise das glücklichste Ereignis seines Lebens zu nennen. Wie ein Sturmwind sei es mit ihr über seine Seele gekommen und habe ihn zu alle dem geführt, was ihn nachmals berühmt gemacht. Das ist in diesem Falle mehr als ein allgemeines Wort. Man muß sich erinnern, unter welchen Umständen der Zweiundzwanzigjährige an Bord kam. Ein blutjunger Student, der alles eher war als ein geschulter Naturforscher. Bescheiden wie er war, hatte er bei der Abfahrt selbst von sich nur den Glauben, daß er befähigt sei, zu „sammeln". Er wollte so viel Stoff zusammentragen als irgend möglich war, — wirkliche Gelehrte sollten dann zu Hause sehen, was sich daraus machen ließ. In den ersten beiden Jahren legte er auch auf diese Dinge noch das entscheidende Gewicht. Selbst auf dem Schiff, wo ihn die Seekrankheit rein zum Verzweifeln plagte (sie hat ihn nie verlassen in all den Jahren), hat er fast unausgesetzt mikroskopiert und Material über den anatomischen Bau merkwürdiger Seetiere zusammenzubringen versucht, Material, das, wenigstens seinen eigenen Aussagen nach, allerdings mangels einer ausreichenden Schulung und eines höheren Zeichentalentes nachher zum Teil unbrauchbar war. Mit einem wahren Bienenfleiße schrieb er inmitten so vieler Strapazen und seltsamen Situationen Abend für Abend sein peinlich genaues Tagebuch nieder, und diese Notizen haben sich nachmals gradezu glänzend bewährt, nicht nur als Fundgrube der wichtigsten wissenschaftlichen Details, sondern vor allem auch als Stamm eines später veröffentlichten Reiseberichts, der mit Recht heute noch zu den klassischen Werken der geographischen Litteratur gezählt wird.

Allmählich trat dann aber doch auch für seinen durchdringenden Verstand klar hervor, daß er unter dem einfachen Druck der Dinge weiter komme und selbst schon über das Sammeln für andere hinaus und ins Selbstdenken, Kombinieren, Erklären, kurz in die wissenschaftliche Verarbeitung, wenn auch einstweilen bloß im Kopf und in gelegentlichen Notizen hinein geführt werde. Hier ergaben sich aber grade für ihn besonders merkwürdige Umstände. Auf der einen Seite mußte ihn jeder Versuch lehren, wie viel an seinen Kenntnissen noch fehlte. Jetzt, im Urwalddickicht oder auf der argentinischen Salzsteppe, fern ab von allen bequemen Hülfsquellen der Wissenschaft, ging ihm erst der innere Sinn dafür auf, wie unrecht er in Vielem gethan, den Kleinkram und die trockene Alltagsarbeit der Forschung daheim grau und unbefriedigend zu finden. Was hätte er jetzt um manches Körnlein Wissen aus diesem „grauen Kram" gegeben, jetzt, wo er vor den riesigsten Dingen stand, aber bei jeder Deutung fühlte, wie verloren der Einzelne ohne den sichersten Kontakt mit der ganzen schon geleisteten Vorarbeit in seiner Wissenschaft ist, grade wenn die nackten Thatsachen von überall auf ihn eindringen. Das bessere Sehen, das raschere Begreifen des Forschers auch vor ganz neuen Thatsachen, das der Laie so zu bewundern pflegt, ist zum großen Teil ja nichts anderes als das Ergebnis jenes Zusammenhangs: eine ganze Folge von Forscheraugen schaut gleichsam aus dem einen Augenpaar hervor, eine ganze Folge von Gehirnen denkt in dieses Einzelgehirn hinein. Wem diese Hülfe noch in wichtigen Punkten fehlt, der leidet viel Not und muß manche Leistung, die ihm dort wie von selbst in den Schoß fiele, erst mit der äußersten Energie erringen, falls er überhaupt dazu kommt. Nach dieser Schule des Lebens ist es Darwin nie wieder eingefallen, von wissenschaftlichem Detail als grauem Kleinkram zu reden, im Gegenteil hat er stets später das Unreife, Zerfahrene seiner Studienjahre beklagt und eisern an sich gearbeitet, um wenigstens durch kritische Selbstzucht und ein nie endendes Lernen auch in den scheinbar reifen Jahren die letzten Spuren von Dilettantismus und mangelnder Fachbildung bei sich auszutreiben. Eine andere Seite bleibt aber deshalb ebenso wahr.

Kann ein junger Student nicht ernsthaft genug vor der Blasiertheit gewarnt werden, die überlieferte Detailkenntnisse für grau und langweilig hält, so ist doch ebenso wenig zu leugnen, daß ein Student, der von früh an sich mit ganzer Kraft auf den überlieferten Stoff wirft, leicht der Gefahr unterliegt, von gewissen Autoritäten nicht nur Thatsachenstoff, sondern auch bestimmte allgemeine Theorien wie etwas Selbstverständliches und Unabänderliches hinzunehmen. Während aber Thatsachen bleiben, wechseln die Theorien in der Wissenschaft, und vielfach ist es gerade der Fortschritt der Wissenschaft, der auf dem Wandel irgend einer gangbaren Theorie beruht. So wuchs die Astronomie einst um die doppelte Höhe auf, als Kopernikus die falsche Ptolemäische Theorie von der Bewegung der Sonne um die Erde umwarf, und so geriet die Chemie in ein ganz neues Stadium, als Lavoisier die ganz unhaltbare Theorie vom Phlogiston beseitigte. Es besteht keine Frage, daß Darwin in dieser Hinsicht sich sehr frei entwickelt hatte, und wenn ihm auch manches gute Blatt von des „Lebens goldnem Baum" hinsichtlich der wissenschaftlichen Thatsachen auf der Reise noch fehlte, so war er um so weniger dafür angekränkelt von dem oft wirklich vorhandenen Grau mancher Theorien. Hier konnte sein Denken, nachdem es einmal geweckt war, unbehindert seine eigenen Wege gehen. Und das hat Frucht getragen über Erwarten. Der Fall, wo es sich zeigen sollte, betraf zunächst die Geologie.

Die Wissenschaft der Geologie, die uns die vergangenen Zeiten und Vorgänge der Erdgeschichte wiederherzustellen sucht, ist ihrem Inhalt nach vielfach auf Theorien angewiesen. Von der einfachen Beschreibung der Gesteine, wie wir sie heute auf Erden finden, und der Tier- und Pflanzenreste, wie sie seit alters darin lagern und hier und da zu Tage kommen, muß sie sich, um ein fortlaufendes klares Bild zu schaffen, überall erheben zu Kombinationen, zu allgemeinen Schlüssen, zu mehr oder minder annehmbaren Vermutungen, also mit umfassendem Wort: zu Theorien, die zwar auf Thatsachen sich aufbauen, aber zunächst selber nicht Thatsachen, sondern menschliche Gedankenarbeit sind, — eine Gedankenarbeit, die auch falsch und, obwohl ungewollt, freie Phantasie sein kann. Als Darwin Student in Cambridge war, existierte die Geologie als Wissenschaft noch nicht hundert Jahre. Früher hatte man über die Vergangenheit der Erde vor Beginn der menschlichen „Weltgeschichte" nur ziemlich wüste Phantasien besessen, die den Stempel solcher an der Stirn trugen. Jetzt aber hatte man da eine echte Wissenschaft, dank der Arbeit ausgezeichneter

Männer wie Werner, Hutton, Smith, Saussure, Buch, Humboldt und vor allem dank dem großen Erforscher der heute ausgestorbenen Tiere früherer Erdepochen, Georg Cuvier. Es herrschte aber in dieser Wissenschaft eine Theorie, die wir heute, wieder rund dreiviertel Jahrhundert später, für grundfalsch halten müssen. Man hatte sehr gut erkannt, daß die Erdgeschichte sich in eine Reihe ziemlich geschlossener Epochen einteilen lasse, z. B. unterschied man eine solche Epoche, wo das Gestein, das heute das Juragebirge in der Schweiz, in Schwaben und Franken zusammensetzt, sich als Meerschlamm niedergeschlagen hatte, als Jurazeit, eine andere nannte man nach der damals erfolgten Entstehung der Kreide (z. B. in Rügen und dicht bei Darwins späterem Landsitz in Down) die Kreidezeit u. s. w. Nun behauptete man aber — und hier fing die reine Vermutung, die Theorie an — zwischen je zweien solcher Epochen der Erdgeschichte habe eine furchtbare Katastrophe auf Erden stattgefunden, das Meer sei über die Länder gebraust, riesige Vulkane hätten jählings alles mit glühender Lava überschüttet, kurz es wäre etwas erfolgt, was mit den heute gültigen Veränderungen der Erdoberfläche gar nichts zu thun hätte, sondern eine Wirkung ganz besonderer Kräfte gewesen sein müßte. Unter unseren Augen ändert sich ja die Erdoberfläche auch heute noch immerzu; das Wasser wäscht Landreich fort; die Thätigkeit von Wasser und Luft in den verschiedenen Temperaturen der Jahreszeiten nagt das härteste Gestein an und bringt es schließlich zu Fall; in meist ganz langsamer, unmerklicher Arbeit hebt sich hier und dort durch den Druck innerer Erdkräfte eine Küste, z. B. die Schwedens, oder es sinkt eine andere ebenso langsam ab; aber das alles hat mit jenen rasenden Polterkräften keine Ähnlichkeit. Man versteht, daß jene Theorie sich allerdings sehr gut vertrug mit jener andern, früher schon erwähnten, nach der zu gewissen Zeiten immer wieder auf der Erde eine Vernichtung aller Tier- und Pflanzenarten stattgefunden haben sollte, worauf dann wenig später eine unerklärliche Neuentstehung ähnlicher, aber etwas veränderter Arten aus dem Nichts heraus sich vollzogen hätte. Der große Cuvier hielt beide Theorien für die einzig wahren, einander ergänzenden, und seine Autorität war um die dreißiger Jahre des Jahrhunderts an allen offiziellen Lehranstalten, auch in England, absolut maßgebend. Als Darwin von Henslow und Sedgwick knapp vor seiner Abreise noch grade etwas in die größten Umrisse der Geologie eingeweiht wurde, erhielt er alle Belehrung so, als könne jene „Katastrophen-Theorie“ als Grundlage nie mehr bezweifelt werden.

Eben um diese Zeit erschien aber ein nachmals hochberühmtes geologisches Werk aus der Feder von Charles Lyell, das die ganze Theorie aufs energischste angriff. Lyell suchte nachzuweisen, daß alle Veränderungen der Erdrinde in früheren Zeiten sich ganz genau durch jenes gleiche langsame Arbeiten der Naturkräfte, das wir heute noch vor Augen sehen, erklären ließen. Dieselbe Verwitterung beispielsweise, die heute einen kleinen Stein in einer gewissen Zeit annagt und zum Zerfall bringt, mochte nach Lyells Ansicht in endlos langen Zeiträumen genügt haben, ein ganzes Hochgebirge in Ruinen zu Thal zu stürzen oder einen halben Kontinent allmählich als Gerölle und Sand ins Meer zu versenken. Die fürchterlichen Katastrophen fand Lyell weder aus den Thatsachen beweisbar, noch schienen sie ihm überhaupt nötig zu sein. Keine feste Schranke trennte in Wahrheit die einzelnen Erdepochen, eine langsame Änderung in der Gestalt der Meere, Küsten, Flußläufe, Gebirge und Kontinente hatte immerfort in allen Epochen in der Stille stattgefunden, und nur, wenn diese Wirkungen von Jahrhunderttausenden, vielleicht Millionen von Jahren summiert endlich entgegentraten, schien das Gesamtbild so verändert, daß man eine neue Epoche darin begrüßte und ihm einen neuen Namen gab. Lyell's Anschauungen, obwohl höchst geschickt begründet, fanden in der offiziellen Wissenschaft bei ihrem ersten Erscheinen kaum Freunde und erst Jahrzehnte später wurde ihr wahrer Wert gewürdigt; heute steht die ganze Geologie wesentlich im Bann dieser Ideen und die alte Katastrophen-Theorie ist längst zu anderm wurmstichigen Gerümpel unhaltbarer geologischer Phantasien ausrangiert. Zum Glück lernte Darwin im letzten Augenblick noch den eben erschienenen ersten Band des Lyell'schen Werkes kennen, — auch das durch Henslow, der ihn allerdings zugleich warnte, nicht solchen revolutionären Gedankengängen sich selbst zu eigen zu geben. Das Buch ging mit auf die Reise, und trotz aller Bedenken des trefflichen Henslow gewann es hier allmählich entscheidend Macht über Darwins ganzes geologisches Denken. Diesem jungen, so mangelhaft vorgebildeten, aber mit dem Genie eines werdenden Meisters ausgestatteten Forscher wog eben die Theorie am besten, die am einfachsten zu den Thatsachen, vor die er sich gestellt sah, paßte. „Ich habe," schreibt er im März 1834 von den Falklands-Inseln an Henslow, „keine recht klare Idee von Spaltung, Schichtung, Hebungslinien. Ich habe keine Bücher, die mir viel darüber sagen, und was sie sagen, kann ich nicht auf das anwenden, was ich sehe. Infolge dessen ziehe ich mir meine eigenen Folgerungen." Bescheiden genug fügt er bei: „Ich stelle mir manchmal vor, was für prachtvoll lächerliche es sind." Aber in Wahrheit kamen diese eigenen Folgerungen im Prinzip alle so mit Lyells Anschauungsweise zusammen, daß keine Frage blieb, wohin das zielte. Etwas über ein Jahr später erhielt Henslow aus Lima die unzweideutige Beichte seines Lieblingsschülers, er sei „ein eifriger Anhänger von Lyells Ansichten geworden." Später sind Lyell und Darwin auch persönlich gute Freunde geworden, und Darwin hat nie aufgehört, Lyell als den größten, bahnbrechenden Geologen seiner Zeit zu feiern.

Damals, im Bann der unmittelbaren Reiseanschauungen, muß die wachsende Neigung zu Lyells Ansichten aber noch eine ganz besondere Folge für gewisse, vorläufig rein subjektive Gedankengänge des jungen Weltfahrers gehabt haben. In die Erdgeschichte, wie sie Lyell lehrte, ohne grobe Katastrophen, ohne gewaltsame Zwischenakte, paßte alles eher als jene Theorie von der zeitweisen Zerstörung und mystischen Neuentstehung der Tiere und Pflanzen. Man verstand wohl aus ihr heraus, daß gewisse Tier- und Pflanzenarten gelegentlich ausgestorben seien. Sterben doch noch heute Tierarten (wie der Vogel Dronte auf Mauritius oder die Steller'sche Seekuh bei Kamtschatka, die beide von hungrigen Matrosen ausgerottet worden sind) gleichsam unter unsern Augen aus. Aber in keiner

Weise war einzusehen, wie jemals alle lebenden Arten einer Epoche auf einmal sollten zum Ende gekommen sein. Und vollends unbegreiflich erschien von hier aus die (allerdings auch früher schon wissenschaftlich unfaßbare) Lehre von einem darauf folgenden jähen Neuentstehen neuer Arten aus dem Nichts. Lyell selbst ging zwar in seinem Buche auf diese merkwürdigen Schlüsse nicht ein, und auch wer von den Zeitgenossen ihm in seiner Methode sonst recht gab, schien hier keinen Anlaß zu besonderen Äußerungen zu finden. Man glaubte eben zu eisern noch an die absolute Unveränderlichkeit der Arten und vermied es in Anbetracht dieser entscheidenden Schwierigkeit lieber ganz, das heikle Gebiet öffentlich zu berühren. Nicht so aber Darwin.

Er lernte ja nicht aus Lyell wie ein Schüler im Hörsaal, sondern recht eigentlich ließ sich von ihm sagen: er lebte das Buch Lyells, die Dinge selbst trieben ihn verwandtem Denken zu, und ohne jede Befangenheit sah er, selbstdenkend wie er dabei war, bis in alle Konsequenzen hinein, — auch in solche, die noch über Lyells eigenen Gesichtskreis vorläufig hinauslagen. Eines Tages, im zweiten Jahr der Reise, als der junge grübelnde Geologe im Lehm der Pampas-Ebenen von Bajada auf der argentinischen Seite von Südamerika nach den Knochen ausgestorbener Tiere wühlte, geriet er auf einen riesigen Knochenpanzer, der ausgehöhlt wie ein großer Kessel ihm aus der Tiefe entgegen gähnte. Diesen gewaltigen Panzer hatte zu Lebzeiten ein Tier getragen, das etwa die Größe eines Rinozeros besaß. Der Naturforscher nennt es Glyptodon. Der Glyptodon gehörte zweifellos einer Gruppe von Säugetieren an, die wir heute die zahnarmen Tiere oder Edentaten nennen. Noch heute leben in Südamerika zahnarme Tiere, allerdings von ziemlich viel kleineren Dimensionen, aber mit ähnlich hartem Panzer: die sogenannten Gürteltiere. Außerhalb des amerikanischen Kontinents gibt es heute solche Gürteltiere nicht. Die Zeiten, da jene riesenhaften Glyptodontier existierten, liegen zwar ein beträchtliches, aber immerhin nicht allzu weites Stück hinter unsere Zeit zurück. Später, lange nach Darwin, hat man gefunden, daß der Mensch damals offenbar schon in Amerika hauste, es scheint sogar, daß er das seltsame Riesengürteltier, den Glyptodon, noch energisch gejagt, ja die Panzer als Schutzdach seiner Schlupfwinkel benutzt hat. Auf alle Fälle aber war die Tierwelt der südamerikanischen Ebenen damals im ganzen eine sehr viel andere als heute. Wo Darwin sich aufs Graben verlegte, förderte er die Reste toller Gesellen von damals zu Tage. Neben den Panzern der Glyptodontier fand er die enormen Knochen des Riesenfaultiers oder Megatheriums, eines Ungeheuers von solch massigem Körperbau, daß seine Oberschenkel nahezu dreimal so breit erschienen als die des Elefanten. Daneben lagen Skelettteile ausgestorbener Elefanten (Mastodon) und Pferde, letztere besonders merkwürdig dadurch, daß auch sie nachmals so vollkommen in Amerika ausgestorben waren, daß die Spanier nach Kolumbus das Pferd von Europa her als ein absolut „neues" Tier wieder einführen mußten. Das ganze Gebiet der Pampas (Grasebenen) von Südamerika erschien Darwin als ein einziges großes Grab ausgestorbener Riesentiere. Auf dem Parana-Flusse gewahrte er vom Bote aus gleichzeitig zwei ganze Gerippe jenes Mastodon-Elefanten, die in kühnem Relief offen aus dem Fels der senkrechten Uferwand vorsprangen. Die Leute, die ihn zur Stelle ruderten, kannten diese Knochen wie ein seit alters vertrautes Wahrzeichen, und da sie sich doch irgend einen Begriff darüber bilden mußten, wie solche Tierreste in den harten Stein hineingeraten wären, so meinten sie ganz naiv, es müsse wohl jene ungeheure Tierform einst ein grabendes, in Erdhöhlen hausendes Geschöpf nach Art der kleinen Nagetiere in der heutigen Steppe gewesen sein. Bei Montevideo überraschte er eine Knabenschar, die einen nicht minder kolossalen Schädel als Wurfscheibe benutzte: es war der Schädel des damals den Zoologen noch völlig unbekannten Toxodon, eines Tieres von Elefantengröße, das diesmal wirklich den Nagetieren nahe stand. In Patagonien, dem Lande der Guanakos, stieß der eifrige Forscher auf ein Gerippe, das, wie es schien, einem gigantischen, nashorngroßen Lama angehörte; man hat das überaus seltsame Geschöpf in der Wissenschaft die Makrauchenia genannt. Einmal passierte es Darwin, daß ein solcher Riesenknochen im Erdreich rein gar kein Ende nehmen wollte, und da das Bot nicht länger warten konnte, mußte er zu seinem Ärger den schon bloßgelegten Teil abbrechen und auf den Rest verzichten. Jedenfalls waren aber solche Funde an sich höchst lustige Arbeit. Und zu denken gaben sie über alle Begriffe. Durch Darwins Kopf schoß etwa die folgende Kette von, wie ihm schien, unanfechtbaren Schlüssen.

Zu einer gewissen Zeit der Erdgeschichte, die der Jetztzeit nicht allzu fern steht, hat es in Amerika Faultiere und Gürteltiere, zum Teil von gewaltiger Größe, gegeben. Es gab damals solche Tiere, wie es scheint, nur in Amerika und nirgendwo sonst auf der Erde. In der Jetztzeit sehen wir ebenfalls Faultiere und Gürteltiere (obwohl nicht mehr von solcher Größe) in Amerika und nur in Amerika. Der Anhänger der alten Theorie würde das so erklären, daß eines Tages eine furchtbare Katastrophe jene alten Faultiere und Gürteltiere fortschwemmte und begrub, worauf dann mit Anbruch einer neuen Zeit abermals neue Arten von Faultieren und Gürteltieren auf dem leeren amerikanischen Boden entstanden. Hier bleibt aber die offene Frage, warum grade für Amerika abermals Faultiere und Gürteltiere sich bildeten und nicht diesmal Giraffen oder Nilpferde, wie das etwa in Afrika der Fall gewesen sein muß? Bestand ein Gesetz, das gleichsam für Amerika nach Vernichtung der alten Tierwelt wieder die Entstehung der neuen auf ähnliche Typen trieb? Es wäre jedenfalls eine höchst sonderbare Sache gewesen, ein solches Gesetz. Aber weiter. Jene geforderte Katastrophe, der die alten Gürteltiere und Faultiere zum Opfer fielen, war in sichtbaren Spuren nirgendwo nachzuweisen. Ganz im Sinne Lyells vielmehr schien hier das äußere Bild der Landschaft, der Erdoberfläche durchaus langsam und ohne jeden jähen Riß sich aus den alten Tagen in unsere hinüber entwickelt zu haben. Lag es nun nicht nahe genug, jene Bildungstheorie der Gürteltiere und Faultiere einfach als eine willkürliche anzusehen, die bloß künstliche Rätsel schuf, und zu einer viel, viel einfacheren zu greifen? Ehemals, sagte man, gab es hier in Amerika und nur hier Gürteltiere und Faultiere in vielfach verschiedenen Arten. Im Laufe der Zeiten starben einige dieser Arten aus natürlichen Gründen aus, darunter besonders die ganz kolossalen Arten, deren Leben durch jede stärkere Dürre stets bedroht gewesen sein muß und auch ohne jede Katastrophe nur zu leicht einmal ganz erliegen konnte; sie starben ohne Nachkommen aus genau so wie gleichzeitig der Mastodon-Elefant und das wilde Pferd ausgestorben sein müssen, von denen zur Zeit der Entdeckung Amerikas durch die Europäer kein Stück mehr im ganzen Lande angetroffen worden ist. Ein Teil der alten Arten von Faultieren und Gürteltieren dagegen starb nicht aus, sondern er veränderte sich bloß: es entwickelten sich nach ebenso natürlichen Gesetzen aus ihnen jene kleineren Faultiere und Gürteltiere, die heute noch Amerika bewohnen. Diese Theorie bedurfte nicht der Katastrophen, sondern stand im Einklang mit Lyells geologischen Ansichten. Diese Theorie erklärte aber gleichzeitig vollkommen deutlich, warum ein Land, das früher Gürteltiere und Faultiere enthielt, später (wenn auch in veränderten Arten) auch wieder Gürteltiere und Faultiere zeigte und nicht plötzlich Giraffen und Nilpferde.

In jener Stunde, vor dem kesselartig gehöhlten Panzer eines ausgestorbenen argentinischen Riesengürteltiers, ist in Darwins Kopf, wie er selbst später oft erzählt hat, die große sogenannte „Darwin'sche Theorie", die Theorie von der natürlichen Entwickelung der Tiere und Pflanzen auf der Erde geboren worden. Freilich kam das damals noch ganz zaghaft, wie eine lose Vermutung. Aber es kam doch, und nun es einmal da war, begann es immer tiefer und tiefer Wurzel zu schlagen.

Man muß hinzufügen, daß der allgemeine Gedanke, es möchten die Arten veränderlich und die Tiere und Pflanzen durch natürliche Entwickelung entstanden sein, damals von Darwin nicht eigentlich als Erstem entdeckt wurde. Obwohl die strenge Wissenschaft zu jener Zeit grade die Unveränderlichkeit der Arten als festes Dogma lehrte, war doch schon vorher bald hier, bald da einmal ein Ketzer aufgetreten, der das Gegenteil verfocht. Wir haben gesehen, daß Erasmus Darwin schon gegen Ende des vorigen Jahrhunderts an natürliche Entwickelung glaubte. An solche geglaubt hat, wie viele Aussprüche darthun, ebenso unser großer Meister Goethe, der alle geologischen Katastrophen bestritt und im Bildungsgange der Natur, alles Lebendige mit eingeschlossen, ein seit allen Zeitäonen fortgesetztes langsames Werden auf Grund von ehernen, ewigen Gesetzen verehrte. In Frankreich aber hat 1809 ein Zoologe, Lamarck, ein dickes Buch veröffentlicht, das sich sogar vermaß, das „Wie" darzuthun, nach dem Tier- und Pflanzenarten sich natürlich hätten auseinander entwickeln müssen. Und so lassen sich noch mehr „Vorläufer Darwins" aufzählen. Aber keiner scheint auf ihn selbst eigentlich bestimmend eingewirkt zu haben. Die Ansichten seines Großvaters Erasmus kannte er, aber grade seit er begonnen, sich ernst in die Forschung einzuleben, lagen sie mehr und mehr wie blasse Dichterphantasieen hinter ihm. Von Goethe als Naturforscher wußte er gar nichts, von Lamarck wohl nur etwas halb durch Hörensagen. Noch viel mehr als bei Lyells Geologie kann man hier behaupten: er lebte die Sache erst, ehe er sie aus Büchern zurückempfing. Als sich die Idee der Entwickelung des Organischen dann einmal bei ihm aus eigenster Denkarbeit heraus gefestigt hatte, war er auch schon kraft seines Genies gleich so weit allen früheren (vor allem auch Lamarck) voraus, daß man jetzt erst recht kaum noch von echten Vorgängern reden konnte. Dazu hatte es übrigens vor dem Panzer des Glyptodon im Pampaslehm noch gute Weile. Es gab einstweilen auf der Reise zu vielerlei, als daß unser junger Denker Zeit gehabt hätte, sich gleich mit ganzer Kraft auf den einen Punkt einzubohren. Trotzdem sollte dieselbe Reise nicht ablaufen, ohne ihn nochmals ganz energisch auf die große Linie — die wahre Glückslinie seines Lebens — zu stoßen. Es war beim Besuch der Galapagosinseln.

Die Galapagos- oder Schildkröteninseln liegen genau unter dem Äquator westlich von der südamerikanischen Küste frei im stillen Ozean. Die ganze Inselgruppe ist gebildet durch die erkalteten Auswurfsmassen feuerspeiender Berge. Krater reiht sich an Krater, mindestens zweitausend zählt man im ganzen, so daß die Inseln durchlöchert wie ein Sieb da liegen. Durch die außerordentliche Luftfeuchtigkeit zu fruchtbarem Grunde zerfallen, bieten die Lavahänge dieser Krater einem üppigen Walde guten Stand, und in diesen Bergwäldern wie in den dürreren Niederungen regt sich eine eigentümliche Tierwelt. Hier auf den Galapagos hausen gespenstische schwarze Landschildkröten von Meterlänge. Hier leben ebenfalls dreiviertel Meter lange Rieseneidechsen, von denen die eine gewohnheitsmäßig ins Meer hinausschwimmt wie die Ichthyosaurier der Vorwelt und sich von Seepflanzen nährt. Darwins Scharfblick aber erkannte in dieser seltsamsten Landschaft noch ein ganz besonderes Wunder. Die ganze Tier- und Pflanzenwelt der Galapagosinseln erscheint im Grundstamme verwandt mit der von Südamerika. Aber im einzelnen zeigen sich charakteristische Unterschiede wie Varianten eines großen Themas. Und zwar zeigen sich solche Unterschiede nicht bloß allgemein zwischen den gesamten Tieren und Pflanzen dieser Inselgruppe und denen von Amerika, sondern es treten noch wieder besondere Unterschiede der Arten auf verschiedenen der Einzelinseln auf. Wieder regte sich in Darwin eine verführerische Schlußkette. Der vulkanische Boden, auf dem diese Dinge sich abspielten, schien relativ sehr jung zu sein. Die damals gültige Theorie, die alle Arten lebender Wesen plötzlich aus dem Nichts entstehen ließ, mußte annehmen, daß auch diese Galapagos-Arten vor noch nicht sehr langer Zeit eines Tages so „entstanden“ wären. Aber weshalb waren sie hier in einer so auffälligen Ähnlichkeit zu südamerikanischen Arten entstanden? Der Boden dieser Inseln und ihre ganzen Verhältnisse glichen keineswegs ohne weiteres denen von Amerika, wozu da die auffällige Verwandtschaft? Und wozu nun innerhalb dieser Verwandtschaft doch die besonderen Abweichungen im ganzen und noch wieder für jede Einzelinsel? Die Theorie ließ hier grade alles Seltsame, das eine Erklärung verlangte, schlechterdings unerklärt. Umgekehrt aber: wie selbstverständlich ergab sich Zug um Zug, wenn man eine Veränderung der Arten annahm. Dann war der Prozeß einfach so gewesen. Eines Tages entstanden durch die Arbeit vulkanischer Kräfte in der Nähe der südamerikanischen Küste eine Anzahl neuer Inseln, die Galapagos. Zunächst hatten sie weder Tiere noch Pflanzen, und es gab keinerlei dunkle Macht, die solche hier aus Lava und Thonerde hätte direkt neu „entstehen“ lassen können. Aber die Nähe des großen

Festlandes machte sich allmählich geltend. Von dort kamen fliegende Vögel, schwimmende Eidechsen, treibende Sämereien und Früchte gelegentlich herüber: es siedelte sich eine Pflanzen- und Tierwelt an, die ursprünglich direkt amerikanisch war. Einmal auf fremder Erde heimisch werdend, wandelten diese amerikanischen Tier- und Pflanzenarten sich dann mit der Zeit etwas um: es entstanden jene den Galapagos eigentümlichen Varianten. Und da wahrscheinlich durch hemmende Meeresströmungen und andere Ursachen der Verkehr zwischen den Einzelinseln sehr erschwert war, bildeten solche Varianten sich auf den verschiedenen Inseln selbständig und verschieden aus. Unendlich leicht löst diese Theorie alle Knoten: natürlich mit der einen Voraussetzung, daß nämlich Arten veränderlich sind. Und so wurde an dem öden Lavastrand dieser einsamen ozeanischen Eilande, zwischen blöde glotzenden Riesenschildkröten, scheußlichen Eidechsen mit roten Leibern, gelben Köpfen und Stachelkämmen, und Vögeln, die in dieser unberührten Gegend so zahm waren, daß sich Falken und Tauben mit der Mütze herunterschlagen ließen, zum andern Male die große neue Theorie im Kopfe des stillen Sammlers und Beobachters ans Licht gebracht. Es war im Herbst 1835. Aber vierundzwanzig Jahre sollten noch dahin gehen, ehe aus diesen ersten Lichtblitzen das Buch von der „Entstehung der Arten" sich geklärt hatte und den neuen Gedanken in die staunende Welt der Wissenschaft warf.

VI.

Die wissenschaftlichen Ergebnisse der Reise.

Ganz langsam bildete sich bei Darwin im Verlauf der langen Reise das frohe Selbstgefühl aus, er, der so arm ausgezogen, werde heimkehrend der wirklichen Wissenschaft etwas liefern können, das gradezu nach Reichtum ausschaute. In Briefen aus der Heimat klangen ihm einzelne Stimmen herüber, die seine eingesandten Sammlungen feierten. Der gute Henslow, den auch die Abschwenkung zu Lyell keinen Augenblick beirrte, hatte briefliche Berichte seines Schülers mit Beifall drucken lassen. Eines Tages las Darwin seinem Fitz Roy Abschnitte aus dem Reisetagebuch vor und hörte mit Herzklopfen, daß dem ernsten Kapitän dies alles durchaus wert einer umfangreichen Veröffentlichung scheine. Als er jetzt, im Oktober 1836, nach England zurückkam, stand ihm mindestens über jeden Zweifel erhaben fest, daß er sich die Sporen als Naturforscher von Fach verdient habe. Von Theologie war weiter keine Rede mehr. Für das liebe Brot brauchte er ja zum Glück überhaupt nicht zu sorgen. Und so erwartete er wohl eine schöne Zeit daheim, die ihm Muße geben sollte, alles Errungene zu sichten, zu überdenken und teils selbst, teils durch die bewährte Kraft erster Fachkenner zur Veröffentlichung zu bringen. Zuerst schien ihm Cambridge, mit Henslow's Nähe, der geeignete Ort für seine Pläne. Dann mochte er merken, daß London dieses Riesenzentrum, doch wohl nicht zu ersetzen sei, und so ist er vom März 1837 ab bis zum September 1842 fester Londoner geworden und auch nach dieser Zeit zwar aus der lärmenden Großstadt selber heraus, aber doch nicht aus ihrem Bannkreis, ihrem Horizont gezogen. Immer, bis an sein Lebensende, bleibt sein Bild fortan mit London eng verknüpft, hier wohnten seine eifrigsten Freunde, hier zog er aus den Museen, den Bibliotheken, dem herrlichen Pflanzengarten von Kew, dem zoologischen Garten immer neue Quellen der Kraft, und hier ist er schließlich auch in der ehrwürdigen Gedenkhalle seines Volkes begraben worden.

Die erste, nächst liegende Arbeit war die Drucklegung des sorgsam ausgefeilten Reisetagebuchs. Es erschien schon 1839 als dritter Band des amtlichen Berichts über die englischen Vermessungsarbeiten in Südamerika. Schon nach dieser ersten Ausgabe ist damals eine vielgelesene deutsche Übersetzung veranstaltet worden. Ein paar Jahre später erschien eine englische Separatausgabe. Heute läuft das Buch unter dem Titel „Reise eines Naturforschers um die Welt“. Es war Darwins erstes „Buch“, und es hätte genügt, ihm einen dauernden Namen zu schaffen. Mit der anschaulichsten Darstellung vereinigt es eine gewisse sichere Gemütswärme, die den Leser wie bei der Erzählung eines guten Freundes fortreißt, ohne daß irgend welche besonderen Effektmittel nötig wären. Noch heute wird es wieder und wieder gelesen und geliebt um dieser Eigenschaften willen, und wie einst Humboldts Reisebericht den jungen Darwin selbst gleichsam auf das Reisen und die Freude an fremden Ländern eingeschult, so hat dieses „Tagebuch" nachmals wieder so manchen großen Weltfahrer zu seinen Thaten ermuntert und ihm eine goldene Lehre gewiesen, wie man über eigene Leistungen Rechenschaft geben soll. Damals aber hatte das Werk noch eine außerordentliche Bedeutung über die einfache Darstellung hinaus durch die Fülle vollkommen neuer, allerorten helfender und vorwärts leitender Gedanken, die es enthielt, durch die Unmenge festen, neuen Wissens, die es übermittelte.

Darwin selbst erschien das ganze Reisetagebuch gleichwohl nur als eine Art erster Abschlagszahlung. Ihm galt es, nachdem das rasch abgethan war, eine eigentlich wissenschaftliche Bearbeitung der ganzen Detailergebnisse der Reise mit Einschluß der Beschreibung aller gesammelten Naturgegenstände herauszubringen. Indem er selbst seine ganze Arbeitskraft auf Jahre dafür einsetzte, gleichzeitig der Staat aber einen sehr beträchtlichen Geldbeitrag für die Herstellungskosten bewilligte, gelang zunächst zwischen 1839 und 1843 die Veröffentlichung der zoologischen Ausbeute (lebende und ausgestorbene Tiere), an deren fünf Bänden sich eine Anzahl der ersten englischen Tierkundigen (darunter der berühmte Richard Owen) beteiligten. Inmitten der Riesenleistung, die zugleich lebhafte Mitarbeit und allgemeine Oberleitung eines derartig monumentalen Werkes erforderte, fand Darwin gleichzeitig noch Mut und Muße, die Verwertung der wichtigeren geologischen Ergebnisse der Reise ganz allein in die Hand zu nehmen. Als Frucht dieser Sonderleistung ohne fremde Beihülfe erschienen in den Jahren von 1842 bis 1846 nicht weniger als drei Bände aus seiner Feder über halb oder ganz geologische Stoffe. Der erste behandelte den „Bau und die Verbreitung der Korallenriffe" (1842), der zweite die vulkanischen Inseln (1844) und der dritte die Geologie von Süd-Amerika (1846). Obwohl alle drei Werke hohen, zum Teil geradezu bahnbrechenden Wert für engere Fachgebiete besaßen, ist doch das erste ganz besonders berühmt, ja fast populär geworden und hat Darwins Namen in sämtliche zoologischen, geologischen und geographischen Lehrbücher bis zum kleinsten Compendium herab gebracht, lange ehe die „Affenabstammung“ ein geflügeltes Wort geworden war.

Das hier gestellte Problem hatte ganz und gar nichts mit Umwandlung der Arten zu thun. Es betraf die Entstehung jener eigentümlichen, zum Teil in Ringform aus dem Ozean steigenden Koralleninseln, die oben erwähnt worden sind. Im vorigen Jahrhundert wurde man zuerst auf diese wunderlichen Inseln aufmerksam. Man entdeckte, daß sie, so weit man sie untersuchen konnte, durch und durch aus den Kalkgerüsten von (an sich weichen) Korallentieren beständen, also Tieren aus der Verwandtschaft jener schönen roten und gelben Seerosen, die jedes Aquarium zeigt. Da diese Inseln, obwohl nur knapp mit dem Saum über Wasser, ja oft als tückisches Riff gar nicht einmal über den Spiegel herausragend aus großen Meerestiefen steil heraufstiegen, schien zunächst die einfachste Deutung, es möchten wohl die Korallentiere seit Jahrtausenden hier Schicht um Schicht sich übereinander gebaut haben, bis endlich der kolossale Turm fertig war. Aber wie entstand dann jene charakteristische Form des oben geschilderten „Atolls“, wo die Koralleninsel einen Ring bildet, der in der Mitte eine Wasserfläche umschließt? Was konnte die Korallentiere gezwungen haben, grade solche Bauten aufzutürmen, die beinah wie hohle Zähne ausschauten? Man wurde in der Folge darauf aufmerksam, daß die Korallentiere, wo man sie sonst beobachten konnte, niemals in der eigentlichen Meerestiefe lebten, sondern nur relativ nahe der Oberfläche. Wie sollte also der ganze hohle Turm jemals angefangen haben, wenn er wirklich bis unten hin Korallenwerk war und mit dem Fuß in der tiefsten Tiefe des Meeres stand? So schloß man, es müsse wohl der tiefere Teil nicht mehr Korallenkalk sein, sondern ein festes Erdgestein, auf dem sich erst in annehmbarer Höhe die Korallen angesiedelt und emporgearbeitet hätten. Dieses Gestein, so riet man, bestimme auch naturgemäß die Form des ganzen oben sichtbaren Inselbaues, und da diese Inseln so oft hohle Ringe bildeten, meinte man den Nagel auf den Kopf zu treffen, wenn man annahm, die Korallen hätten sich auf den Rändern von großen, im Meer vor Zeiten versunkenen und ausgelöschten Vulkankratern angebaut. Hier griff nun Darwin ein und bewies schlagend, daß man sich mit allen Erklärungsversuchen solcher Art völlig auf dem Holzwege befinde und daß der einzig wahre Sachverhalt nur etwa in folgendem liegen könne. Man mußte sich vorstellen, daß alle jene heutigen ringförmigen Koralleninseln einstmals regelrechte Inseln aus irgend welchem soliden Gestein wie alle andern ozeanischen Inseln auch gewesen seien, vulkanisch oder nicht, das war einerlei. Die Ufer gingen flach ins Meer hinaus, und auf solcher Uferneigung siedelten sich die Korallen an und bauten von der ihnen günstigen, relativ geringen Tiefe an ihre Kalkmauer bis nahezu an die Oberfläche des Wassers. Es entstand ein sogenanntes Küstenriff, wie es an vielen Orten der Erde, z. B. am roten Meer, genau so beobachtet wird. Nun begann aber durch langsame Vorgänge von geologischer Natur das Land an dieser Stelle zu sinken, die Insel glitt ganz allmählich immer etwas tiefer in den Ozean hinab. Natürlich sank auch der Strandboden unter der kleinen Korallenmauer. Die untersten Korallen starben ab, da sie unter das gewohnte Lebensniveau gerieten, oben aber war auf einmal neuer Raum gegeben, der bebaut werden konnte: die lebendige Korallenmauer wuchs gleichsam zwangsweise oben in demselben Verhältnis weiter wie unten ihre älteren, toten Teile mit dem sinkenden Strandboden abwärts stiegen. Im ganzen wurde selbstverständlich so das Korallenriff rings um die Insel her immer steiler und höher im Wasser. Eines Tages nun war das Sinken der Insel so weit gediehen, daß ihr letzter Rest innerhalb des noch immer hoch ragenden Korallenringes ganz untertauchte: es entstand im Innern jener eingeschlossene, teichartige Wasserspiegel, und von der ganzen früheren Insel war thatsächlich nichts mehr zu gewahren, als eben das Korallenriff, das den ehemaligen Uferrand der Insel an einer bestimmten Stelle nach wie vor markierte. Da die Korallentiere zu ihrer Existenz offene Meeresbrandung brauchen, so dachten sie niemals daran, den entstandenen teichartigen Innenraum ihrerseits wieder auszufüllen, sie saßen und blieben sitzen auf der alten Ufergrenze. Die Wogen mochten bloß gelegentlich Kalktrümmer von ihrer Mauer abreißen und oben auf den Rand schichten, auch sonst mochte dort allerlei antreiben: kurz, schließlich ragte der Saum des kreisförmigen Riffs vielfach etwas über den Spiegel des Ozeans herauf, Kokospalmen, aus angeschwemmten Nüssen lustig aufkeimend, begannen den Rand zu beleben — und das „Atoll" war fertig. So Darwins geistreiche Theorie. In dem halben Jahrhundert seither hat man öfter versucht, sie umzuwerfen, aber geglückt ist es noch niemals. Die Hauptsache für Darwins eigenen Entwickelungsgang aber war damals, daß die wissenschaftliche Welt nach dieser Leistung in ihm einen Meister genialer Erklärung auf streng wissenschaftlichem Grunde anerkennen mußte. Theorien über Gegenstände der Forschung, von diesem Manne ausgehend, mußten auf alle Fälle fortan sehr ernst genommen werden, — einerlei, über welche noch so heikeln Gebiete sie sich nun erstrecken mochten.

VII.

Die stillen Jahre.

So waren diese Londoner Jahre überlastet mit Arbeit, aber sie boten doch dem heimgekehrten Weltfahrer auch eine wahre Überfülle von guten Anregungen und nährten ihm das Vertrauen in sich selbst, das auch der Bescheidenste braucht, wenn es große Dinge gilt. Was er noch auf der Reise wie einen fernen Traum verehrt, das vollzog sich jetzt wie etwas ganz Selbstverständliches: die ersten Naturforscher Englands und auch sonst manche erste Größe des großen Londons suchten die Gesellschaft des Dreißigjährigen, den die Reiseerfahrungen geistig viel älter erscheinen ließen, als er war, und dem allein schon der Ruf als „Mann vom Beagle" eine gewisse Würde zugleich und Popularität gab. Er trat in lebhaften und alsbald freundschaftlichen Verkehr mit dem Geologen, dem er so viel verdankte: Charles Lyell, damals Professor am Kings College zu London, ferner mit dem alten, weit berühmten Botaniker Robert Brown, er sah John Herschel wieder, kam mit Grote, Bukle, Mackaulay, auch öfter mit Carlyle zusammen, mit letzterem allerdings nicht, ohne daß die tiefen Differenzen dieser beiden Charaktere sich für beide deutlich bemerkbar gemacht hätten. In der Frische der Empfindungen, wie Darwin damals war, beschränkte er den Kreis seines Interesses keineswegs ausschließlich auf naturgeschichtliche Dinge, er, der neben Lyells Geologie Miltons „Verlorenes Paradies“ auf der ganzen Reise mitgeführt, las mit Eifer auch Dichtungen, hörte gute Musik und blieb kaum einem ästhetischen Einzelgebiete ganz fern. Es ist wichtig, diesen Zug bei ihm zu erwähnen, da er in späteren Jahren öfter gesagt hat, die Freude an der Kunst habe ihn leider so gut wie ganz verlassen; es geschah das in Zeiten, da seine Kränklichkeit ihn zwang, den ganzen Rest seiner Kraft auf ein enges Gebiet zu konzentrieren, das zunächst natürlich ein wissenschaftliches sein mußte; man hat aber ziemlich leichtfertig daraus den Schluß ziehen wollen, Darwin sei Zeit seines Lebens für ästhetische Dinge überhaupt verschlossen gewesen, eine Behauptung, die, man möchte wohl sagen, von jeder Seite seiner bedeutendsten Werke widerlegt wird. Den ehemaligen Studiosus der Theologie fesselten auch ab und zu immer noch religiöse Probleme. Nicht so, als wenn er zu seinen alten Examenstoffen zurückgekehrt wäre; aber eine tiefe Natur, wie er war, mußte er immer ein besonders lebhaftes Gefühl sich dafür bewahren, daß schließlich jede kleinste Thatsache in unserer Naturerkenntnis irgendwie auch mit den größten Fragen zusammenhänge, um die sich Geist und Gemüt der Menschen seit Jahrtausenden mühen. Und grade seine Forschungsart, seine Theorien, auch wo sie erst wie im Keim bei ihm angelegt waren, rührten ja nicht mehr bloß an Kleines, sondern an schlechthin sehr Gewaltiges, von dem ihm eine Ahnung sagen mochte, daß es einstmals unzählige Herzen bewegen, vielleicht beängstigen müsse. Nichts in dieser lauteren

Seele aber war leichtsinnig, war oberflächlich angelegt: jeden Gedanken, den er in der Folge der Welt gab, hat er vorher in sich ausgekämpft auf alle seine Herbe und Süße hin bis zum äußersten, er hat ihn gemessen an den Wünschen seines eigenen kindlich weichen Gemütes, — er hat ihn dann aber, geläutert wie er ihm so hervorging, auch ausgesprochen und vertreten mit dem ganzen Mannesmute, der nichts Höheres kennt als Wahrheit und Ehrlichkeit.

In diese gute Zeit fiel schließlich auch noch ein überaus wichtiges Ereignis seines Lebens: am 29. Januar 1839 verheiratete er sich mit seiner Kousine Emma Wedgwood. Die Ehe verklärte den ganzen Rest seines Lebens mit einem besonderen stillen Glanze, dessen gutes Licht jeder empfand, der ihm in seinen „weltberühmten" Jahren später persönlich nahe kam. Eine fröhliche Kinderschar blühte bald um ihn auf, und der Vielgewanderte schien recht eigentlich jetzt im Hafen. Gerade da aber, in den ersten Jahren der Ehe in London, fiel es von einer ganz anderen Seite in sein so gesegnetes und noch so vielverheißendes Dasein wie ein jäher, unglücksschwerer Schatten.

Seine Gesundheit erwies sich auf einmal als schwer, ja dauernd gefährdet. Es befiel ihn eine chronische Magenlähmung, die den ganzen Organismus unablässig in dem Schwächezustand eines Kranken hielt. Jede geringste Aufregung, jede harmloseste Hingabe an die kleinen Freuden der Geselligkeit löste ihm Symptome bedenklichster Art aus, Schüttelfrost, Erbrechen, selbst Ohnmachten. Tückisch rasch, wie das gekommen, wich es nie mehr: mehr als vierzig Jahre sollte dieser eiserne Willensmensch, dieser unermüdliche Jäger, Reiter, Fußläufer und Kletterer in jedem Klima, in der Ebene wie im Hochgebirge, dieser unverwüstliche Gesellschafter, der bei keinem gesunden Spiel, keiner Turnerei, keiner fröhlichen Festtafel gefehlt, jetzt verurteilt sein zu einem wahren Martyrium, dem ängstlichen Leben eines stillen Dulders, der sich nichts, rein gar nichts mehr an bewegten Thaten des Körpers erlauben durfte und mit seinem großen Geiste wie am zarten Spinngewebe eines fast verlorenen, nur noch ganz mühsam weiter geretteten Leibes hing. Er selbst wie seine Freunde mühten sich umsonst zu enträtseln, was diesen traurigen Umschwung zu Wege gebracht. Ihm schien Erbschaft von den Vorfahren, die alle schwer an der Gicht gelitten, das Wahrscheinlichste, und in trüben Stunden beklagte er seine armen Kinder, die wohl abermals ein Opfer solcher verzweifelten Familientradition werden sollten. Andere haben die Strapazen der Reise, vor allem die nicht endende Seekrankheit, dafür verantwortlich gemacht. Mir will scheinen, als habe sich an Darwin etwas gerächt, was wie ein Verhängnis durch das Leben so vieler großer Denker der Menschheit zieht: grade er, der ohne Beschwerde das wildeste Jägerleben in vier Erdteilen mitgemacht, brach wehrlos zusammen, als er Jahre lang (wie es jetzt in London geschehen) im Dunst der Großstadt sich an den Arbeitstisch gekettet fand, Tag aus Tag ein über den Schreibtisch gebeugt, immer mit dem Gehirn in fieberhafter Spannung, aber ohne jede gesunde Entlastung für Lunge und Magen, die vorher Jahre lang in freier Bewegung und frischer Luft zu arbeiten gewohnt gewesen. Wie viele haben wir in solchem Übergang, auf dessen Gefahren sie nicht achteten, verloren von unsern Geistesgenien, und auch Darwin trat jetzt in die Reihe derer, die zwar zum Glück nicht ganz verloren gingen, aber doch fortan im Leben standen wie ein vom Tode gezeichneter, dessen Schicksal an eines Haares Breite hängt.

Im September 1842 flüchtet Darwin aus dem Londoner Straßenlabyrinth hinaus in die Einsamkeit jenes kleinen Ortes Down, wo er fortan seinen festen Sitz behält, ein treuer Pflanzer, der die Jahre abwartet, bis sie ihm den Epheu unters Dach und die selbstgezogenen Bäume bis vor die Fenster bringen. Nur selten kommt er von jetzt ab nach London hinein, — wer ihn sehen will, muß auf holperigen Pfaden in die Heide hinaus zu ihm fahren. Manchem scheint er in den folgenden anderthalb Jahrzehnten beinah wie verschollen. Man spricht von dem „Eremiten von Down“. Da er, von der Krankheit zu einer ganz neuen Lebensart gezwungen, in diesen Jahren wesentlich langsamer schafft als vorher und auch sonst gewisse gleich zu besprechende Umstände eintreten, die ihn für längere Zeit von sehr großen, Aufsehen erregenden Veröffentlichungen zurückdrängen, hält man ihn vielfach nach dem ersten großen Anlauf für „fertig“, man erwartet nichts Außergewöhnliches mehr von ihm, — ohne amtliche Lehrthätigkeit nur Privatstudien hingegeben, fehlt es ihm an einer Schülerschar, die seinen Namen immer frisch im Munde führt, — kurz um die Mitte der fünfziger Jahre kann es gradezu vorkommen, daß ihn einer schon zur alten Generation, zu den bereits etwas zurücktretenden älteren Herren der Forschung zählt. Äußerlich wurde seine Lebensweise seit der Uebersiedelung nach Down bis zu seinem doch erst vierzig Jahre später erfolgenden Tode so pedantisch regelmäßig, daß man von ihr ein Bild geben kann, das sich an gar keinen bestimmten Zeitpunkt mehr zu halten braucht. Nur die stärkeren oder schwächeren Episoden der Krankheit brachten etwas unbedeutenden Wandel hinein. So mußte er später oft zu Kaltwasserkuren weiter ins Land reisen, Kuren, die ihm durchweg sehr gut bekamen und oft auf eine kurze Zeit einen Lichtblick von wiederkehrender Gesundheit über das einförmige Dasein des Dulders warfen, — leider immer nur Lichtblicke, denen keine wirkliche Sonne mehr folgte. Jede Stunde des Tages war fortan genau zugeschnitten auf möglichste Ausnutzung der karg genug bemessenen Arbeitskraft. Wenn man überdenkt, was dieser Mann trotzdem thatsächlich in den Jahrzehnten seines Siechtums an Arbeit geleistet hat, so bekommt man ein Gefühl moralischer Stärke, die hinter solchem Ausnutzen der äußersten Möglichkeit steckte, wie sie kaum der Lebenslauf eines zweiten großen Denkers im neunzehnten Jahrhundert zeigt. Wahrlich, nicht nur die späteren gedruckten Werke sind in diesem Falle ein Denkmal höchster Energie, sondern fast mehr noch das Leben, das hinter ihnen stand.

Schon in früher Morgenstunde mied ihn der Schlaf. Dann stand er zu einem Morgenspaziergang auf, selbst im Winter zu einer Stunde, daß die Sonne erst rot vor ihm aufging und heimkehrende Füchse ihm über den Weg liefen. Gegen acht Uhr frühstückte er, und dann kamen anderthalb Stunden, die er seine eigentliche gute Arbeitszeit nennen durfte. Schon um halb zehn etwa mußte er aber abbrechen und sich eine Stunde im Wohnzimmer aufs Sopha legen, wo man ihm Briefe oder ein Stück eines leicht unterhaltenden Romans vorlas. Diese Romanvorlesungen, denen er selbst keinen besonderen ästhetischen Zweck beimaß, spielten in seiner strengen Diät überhaupt eine große Rolle: er beruhigte damit wie mit einem Medikament seine Nerven und hinderte das Gehirn am selbstwilligen Weiterarbeiten in den Stunden, die er zur Erholung brauchte. Von elf bis zwölf folgte noch eine Arbeitsstunde, schon nicht mehr so klar wie die früheren, — dann war das Wesentliche, was er sich zumuten durfte, gethan und der Rest des Tagewerks gehörte fast nur noch einer Erholung, wie sie ihm sein Leiden sehr gegen seinen Wunsch aufnötigte. Die Mittagszeit füllte ein größerer, doch auch genau abgemessener Spaziergang aus. Meist wandelte er in bestimmter Zahl der Umkreisungen sein kleines Grundstück ab, erst den Garten und das später angelegte, mit rührender Liebe gepflegte Gewächshaus, dann den sogenannten Sandweg, einen Pfad an der Seite einer kleinen Waldecke alter Eichen, rechts über eine Stechpalm-Hecke weg mit freundlichem Blick in ein schmales Thal mit Ackerland und Flecken von Haselsträuchern und Lärchen. Jedesmal nach einer Umwandlung stieß der Spaziergänger ein Stück Feuerstein, wie es der Kreideboden dort überall zu Tage brachte, auf den Sandweg und markierte so die Zahl seiner „Gesundheitsläufe". Der Weltfahrer, jetzt auf diesen winzigen Kreis Tag um Tag beschränkt, wußte mit kleinen Unterhaltungen sich in rührender Bescheidenheit auch dieses Los zu beleben, so gut es ging. Bald ergötzte ihn das Spiel seiner Kinder, denen er mit dem Stock den weggerollten Ball wieder zustieß, bald besuchte er einen kleinen Fleck im Gehölz, wo im Wachholderschatten seine liebsten Freundinnen aus dem Pflanzenreich, die Orchideen, blühten, oder er beobachtete die Vögel beim Nestbau. Manchmal stand er auch eine Weile regungslos in tiefem Sinnen, und bei solcher Gelegenheit geschah es einmal zur herzlichen Freude des Naturfreundes, daß ihm zwei junge Eichhörnchen an den Beinen und an dem Rücken heraufkletterten, während ihre Mutter vom Baume herab ihnen mit äußerster Verzweiflung zusah und sie vergebens zu locken suchte.

Heimgekehrt setzte er sich zum zweiten Frühstück. Von

Hause aus frugal gewöhnt, war er doch seinem ganzen weltfrohen Temperament nach wie geschaffen zum Genuß kleiner, harmloser Tafelfreuden, eines leckeren Gerichts, eines guten Glases Wein. Aber auch hier galt es immerfort Askese üben, jede kleinste Übertretung rächte sich bitter, und mit resigniertem Lächeln pflegte er von seinen „Gelübden" zu reden, auf die er vereidigt sei wie ein armer Klosterbruder. Der ganze Nachmittag bot im günstigsten Fall noch eine Stunde halbwegs so zu nennender Arbeitszeit. Vielfach schrieb er bloß noch ein paar Briefe, und der Rest gehörte wieder teils Bewegungen im Freien, teils allen möglichen Versuchen zur Nervenberuhigung und zum Töten der Zeit ohne Kopfarbeit. Viele Stunden mußte seine Frau ihm da mit treuer Ausdauer immer und immer wieder ganz leichte Lektüre, Reisebeschreibungen oder Romane, vorlesen, und abends spielten die beiden regelmäßig ihre zwei Partieen Puff. Die meisten Stunden, in denen der Kranke nicht direkt ging, verbrachte er in horizontaler Lage auf dem Sofa, wobei ihm das Rauchen noch fast der letzte nicht untersagte Genuß blieb: es wirkte bei ihm wie bei einer gewissen Gruppe von Menschen entschieden beruhigend auf das Nervensystem. Auch das Klavierspiel seiner Frau war einer der beständigen und dauernden Genüsse dieses tragisch eingeengten Lebens, wobei er Beethoven und Händel bevorzugte; schöner Gesang rührte den müden Mann auf seinem Sofa fast zu Thränen. Selten nur folgte selbst dem strengsten Tage eine wirklich gute Nacht. Niemand, erzählte sein Sohn Francis später von ihm, konnte sich den vollen Umfang seiner Leiden vergegenwärtigen außer seiner Frau, die ihn pflegte, niemand aber auch außer dieser den vollen Umfang seiner wunderbaren Geduld. Er selbst durfte im Alter von sich sagen, daß er in nahezu vierzig Jahren nicht einen Tag ungetrübter Gesundheit erlebt habe, und daß er diese vierzig Jahre überhaupt durchgehalten hat, verdankte er zweifellos nur der Askese, zu der er sich gleich von Anfang an unerbittlich verurteilt hatte.

Und doch: wenn je ein schwacher Mensch kraft seines starken Geistes innerlich frei über den Beschwerden und Nöten der eigenen Existenz geschwebt hat, so ist es Darwin gewesen. In diesen Jahren der Krankheit, der Askese, des Verzichtes auf so Vieles, was gerade ihn locken mußte: lebhafte Geselligkeit, Reisen, ein lustiges Heim mit englisch offener Gastfreundschaft, alle möglichen Genüsse der Kunst und des großen Lebens in der Weltstadt, — in diesen Jahren ist in ihm grade das Eigentliche stark geworden, das seinen Namen über die Erde getragen hat. Dieser fast gebrochene Dulder von Down hat die große Theorie von der Entwickelung des Lebens auf Erden nicht nur ausgedacht und veröffentlicht: er hat sie mit der Vollkraft eines mehr als Gesunden in großen, mehrbändigen Werken zu begründen versucht, er hat den ungeheuren Kampf, der sich darüber entspann, mehr als zwanzig Jahre wie ein Held bestanden und zum Teil geleitet, er hat in diesen Kampf von der ersten bis zur letzten Stunde eine Unbefangenheit, ein äußerstes Gegenteil aller Nervosität, eine sittliche Reinheit und Höhe hineingetragen, die ihm einen Hauch von Gesundheit, von naivem, blutwarmem Leben gab, wie es kaum je in der Geschichte des menschlichen Denkens zum zweiten Mal für einen so herben Geisteszwist nachweisbar ist.

Nach Vollendung des großen zoologischen Reiseberichts und der Veröffentlichung wenigstens auch der wichtigsten geologischen Ergebnisse stand Darwin vor der Frage, was er nun in Angriff nehmen sollte. Wohl gährte es in ihm von Ideen eigentümlichster Art: der alte Gürteltierpanzer des Pampaslehms und die Wunderzeichen der Galapagos waren unvergessen. Im Juli 1837, also fast unmittelbar nach der Zurückkunft, hatte er sich, ohne einstweilen zu jemand über seine Ketzergedanken zu reden, ein Notizbuch angelegt „für Thatsachen in Bezug auf den Ursprung der Arten.“ Hier gab es, so dachte er sich, zweifellos ein interessantes Feld, das im Auge behalten sein wollte. Aber man muß sich vergegenwärtigen, wie alle die Freunde, die eben mit so viel Freude gewonnenen neuen Freunde aus den exakten Wissenszweigen, Lyell, Brown, Owen, zur leichtfertigen Äußerung solcher Dinge sich damals gestellt haben würden. Darwin war im Moment viel zu froh, dort als vollberechtigt plötzlich angesehen zu werden, als daß er gewagt hätte, solche losen

Ideen, die zunächst ganz vage auf ein paar Thatsachen mehr herumgaukelten als fest ruhten, diesen „Autoritäten“ gegenüber auszuspielen. Das gehörte einstweilen alles ihm und nur ihm. Kam Zeit, kam Rat, es gelegenen Ortes auch andern beizubringen, aber auf jeden Fall bedurfte es Jahre, vielleicht Jahrzehnte der eigenen Klärung dazu. Wenn aus den weißen Blättern eines kleinen Notizbuchs erst einmal ein Archiv, ein Aktenschrank geworden war: ja dann vielleicht. Die ersten Jahre der Krankheit brachen inzwischen über den armen Denker herein. Es galt jetzt überhaupt alles zu Rasche, zu Hitzige notgedrungen einzuschränken. So sehen wir mit dem Fortgang der vierziger Jahre des Jahrhunderts Darwin zunächst an eine zoologische Arbeit ziemlich intimer Natur gehen, eine streng fachwissenschaftliche Detailarbeit, die in gewissem Sinne sich nochmals an die Resultate der großen Reise anschloß. Darwin war seinem Bildungsgange nach im Grunde genommen so wenig Zoologe von Fach wie Geologe. In die Geologie hatte er sich jetzt so eingearbeitet, daß ihn Männer wie Lyell mit Stolz zu den ihrigen rechneten. Und nun sollte er, man möchte beinah sagen, unwahrscheinlicherweise auch noch für die allerstrengste Fachzoologie ein Werk liefern, das seinen Ruf dort ebenso fest begründete, wie es die Theorie der Korallenriffe und was er sonst an genialen geologischen Tiefblicken gehabt, für die Wissenschaft von der Erdgeschichte geleistet.

Wer je einmal auch nur unsere deutschen Meeresküsten besucht hat, dem müssen auf angetriebenen Muscheln und sonstigem Strandgut gewisse kleine weiße Kalkkrönchen aufgefallen sein, die oft in ganzen Reihen beisammen daran festsaßen. Man nennt sie Seepocken, und der Laie mag wohl überhaupt zweifeln, ob es sich um ein Gebilde des Lebens handle. In Wahrheit sind es die kalkigen Gehäuse höchst merkwürdiger Tiere, die, obwohl in Schalen hausend wie Schnecken oder Muscheln, thatsächlich zum Geschlecht der Krebse gehören. Verwandte, viel größere Arten sitzen mit ihrer Schale nicht unmittelbar auf, sondern hängen durch einen langen Stil mit ihrer Unterlage, Holzstücken, und sonst allerlei Schwimmendem, zusammen; man bezeichnet sie als „Entenmuscheln", aber auch sie haben gar nichts mit Muscheln und noch weniger mit Enten zu thun, sondern sind ebenfalls echte Krebse. Die ganze Gruppe eigenartiger Tiere nennt man die Rankenfüßer oder Rankenkrebse (Cirripedia auf lateinisch). In der Jugend schwimmt solch ein Rankenfüßer lustig im Meere umher und gleicht vollkommen den Jugendformen auch anderer Krebse. Zu einer gewissen Zeit seines Lebens aber setzt das kleine Geschöpf sich irgendwo dauernd fest, stellt sich regelrecht auf den Kopf, verwächst mit den Kopfteilen auf der Unterlage und streckt die rankenartigen Beine nach oben aus der Schale heraus. So verharrt es jetzt sein Leben lang. Wie diese Lage, so ist alles an diesen Krebsen außergewöhnlich. Zum Beispiel gibt es Arten, bei denen bloß das Weibchen festwächst und sich vollkommen entwickelt, während die Männchen winzig klein bleiben und Zeit ihres Lebens wie Schmarotzertiere zu mehreren auf dem sehr viel größeren Weibchen wohnen. Und solcher Wunder gibt es da mehr auf Schritt und Tritt. Die genaue Kenntnis der meisten dieser Dinge verdanken wir aber eben Darwin. Beim Sammeln auf der Reise war er mehrfach grade auf die kuriosen Rankenkrebse gestoßen. Eine neue Art, die er in Chile entdeckt, sollte daheim beschrieben werden, und um ihren Bau ordentlich zu verstehen, geriet unser Forscher allmählich in das Studium aller bekannten Arten hinein. Schließlich reizte es ihn, das gesamte, über Rankenkrebse vorhandene Material, erweitert durch eigene Beobachtungen, systematisch zusammenzustellen. So entstand in der halb unfreiwilligen Muße des ersten Jahrzehnts in Down zwischen 1846—1851 der erste Band einer großartigen Monographie der Rankenkrebse oder Cirripedien, 1854 folgte noch ein zweiter Band, außerdem erschienen zwei Einzelhefte über die vorweltlichen, heute ausgestorbenen Arten dieser Tiere. Das Werk, im ganzen das Ergebnis achtjähriger Arbeit, erregte in Fachkreisen ungeteilte Bewunderung. Der Theoretiker trat darin ganz in den Hintergrund gegen den rein sachlich berichtenden Beobachter und Systematiker. Für Darwin selbst war die Arbeit, trocken wie sie schien, doch eine ausgezeichnete Schule, sie führte ihn in praktischer Bethätigung noch einmal in die feinsten Mittel wissenschaftlicher Methode ein; er, der wenig später die ewige Dauer der Arten in der Tier- und Pflanzenwelt öffentlich anzweifeln sollte, lernte hier noch einmal aufs sorgsamste den gangbaren Apparat der Art-Unterscheidung selbst anwenden. Freilich sind ihm die Zweifel an der Unveränderlichkeit dieser Arten angesichts der hochgradigen, oft unüberwindlichen Schwierigkeiten, die der systematischen Unterscheidung entgegenstanden und von ihm grade in seinem Falle bis zur Neige ausgekostet wurden, selbst erst recht hier erstarkt. In große Kreise, wo man allgemeine Anregung von der Naturforschung aus erwartete, konnte das dickleibige Werk über die Rankenkrebse natürlich nicht bringen, hier, wie gesagt, fing man damals, in raschlebiger Zeit, an, den „Mann des Beagle" schon wieder zu vergessen. Man sollte bald genug an ihn erinnert werden.

VIII.

Die Lehre von der natürlichen Zuchtwahl.

Mitte der fünfziger Jahre war auch dieser ganze zoologische Berg glücklich überklettert. Von neuem stand Darwin vor der Frage: was nun? Er selbst hatte eine so schlechte Meinung von seiner Gesundheit, daß er sich kaum für fähig hielt, noch irgend eine große neue Sache anzufangen. Es galt, so schien es ihm, mit dem Gegebenen haushalten und vom schon Vertrauten, in besserer Zeit Angefangenen vollenden, was noch zu vollenden war. Die Reise war aber jetzt, das durfte er sich mit gutem Gewissen sagen, so gut wie ausgenützt. Eigentlich war nur noch eine Sache daraus rückständig — ein „Gedanke". Der Gedanke, daß die Tier- und Pflanzenarten sich im Laufe der Erdgeschichte umgewandelt und natürlich auseinander entwickelt hätten!

Sollte er versuchen, diesen Gedanken jetzt als Krönung so reicher Reiseergebnisse endlich auch noch zur That werden zu lassen, — mit andern Worten: sollte er ihn zu einem Buche ausgestalten und veröffentlichen? Darwin war jetzt, Mitte der fünfziger Jahre des Jahrhunderts und selbst in der Mitte seiner vierzig, kein Anfänger mehr, kein begünstigter Schüler mehr irgend eines Meisters, er war nicht mehr ein Mann, den Henslow oder Lyell oder sonst einer „gemacht“ hatte, sein Kredit stand in der Forschung hoch wie der irgend eines Mitlebenden und der feinere Kenner zählte ihn zu den Koryphäen der Wissenschaft. Wenn er jetzt mit einer Ansicht dieser Art heraustrat, so konnte er erwarten, daß sein Wort eine gewisse Autorität besaß. Aber damit untrennbar verknüpft war auch eine große Verantwortung. Er wußte das selbst am allerbesten. Einem jungen Anfänger mochte es genügen, einen neuen Gedanken zu haben. Der besonnene Forscher brauchte mehr. Der allgemeine Gedanke, es möchten sich die Tiere und Pflanzen auf Erden natürlich durch langsame Veränderung der Arten entwickelt haben, war so lange ein einfacher Einfall, wie nicht eine vollkommen klare Darlegung über das „Wie?“ solcher Entwickelung, solcher Veränderung gegeben werden konnte. Nach welchen Gesetzen hatten die Arten sich umgewandelt, welche gesetzmäßigen Zusammenhänge hatten sie zur Fortentwickelung gezwungen? Hier lag der wahre Kern des Problems.

Wenn Darwin einen seiner intimeren wissenschaftlichen Genossen, den klar denkenden, unbefangenen Lyell, den Botaniker Hooker, mit dem ihn in diesen Jahren immer treuere Freundschaft verband, oder sonst einen über solche Dinge befragte, so sah er: diese gewiß urteilsfähigen Männer waren alle im innersten Grunde gar nicht so sehr gegen die Möglichkeit einer Artumwandlung. Aber sie sträubten sich gleichwohl mit Händen und Füßen gegen jede Behauptung derart aus dem einfachen Grunde, weil ihnen niemand das „Wie?“ begreiflich machen konnte. Alles was da gelegentlich einmal der oder jener vorgebracht hatte, erklärten sie für unwissenschaftliche Phrasen. Es erschien lächerlich, wenn ein Philosoph meinte, die lebenden Wesen hätten einen „inneren Trieb“ zur Umwandlung in sich. Man lachte ebenso, wenn der alte Lamarck behauptete, die Giraffe mit ihrem langen Hals möchte wohl in der Weise aus einer kurzhalsigen Antilope hervorgegangen sein, daß diese oder besser gesagt, eine ganze Reihe Generationen von diesen den „Wunsch“ gehabt hätten, das Laub hochstämmiger Bäume abzufressen, und daß sie in Folge dieses Wunsches den Hals mehr und mehr gestreckt hätten, bis er endlich die nötige Giraffenlänge erhielt. Und da man das alles komisch fand, verschanzte man sich hinter die feste Mauer des Satzes, es werde wohl eben, weil man das „Wie?“ nicht begreiflich machen könne, überhaupt an der Sache nichts sein. Darwin fühlte bei solchen Äußerungen, die er von den Besten seiner Zeit vernahm, sehr gut, daß mindestens der letzte, allgemein absprechende Schluß etwas Falsches enthalte. Aber er mußte sich gleichzeitig selbst immer wieder sagen, daß auch alle seine Behauptungen so lange ziemlich wertlose Glaubenssätze blieben, wie er nicht thatsächlich über das „Wie?“ der Artentwickelung etwas durchschlagend Neues vorzubringen habe.

Nun hatte sich grade in diesem Punkte aber in den Jahren zwischen der ersten Anlage jenes Notizbuches und der Vollendung des Werkes über die Rankenfüßer bei ihm etwas sehr Wichtiges vollzogen. Eine vollständig neue, seines Wissens noch niemals irgendwo ausgesprochene Theorie über jenes „Wie?“ der Entwickelung war in seinem genialen Kopfe aufgetaucht. Was „innerer Trieb“, was „Wunsch“ oder „Willen“ der Tiere und Pflanzen, sich zu verändern! Sie mußten sich ändern und zwar in einer ganz bestimmten Weise ändern auf Grund gewisser natürlicher Verhältnisse der Erde, die heute noch ebenso in Thätigkeit waren wie vor Zeiten und die wir zum Teil unmittelbar unter unsern Augen arbeiten sehen konnten! Fassen wir rasch in ein paar ganz knappe Worte zusammen, was für eine neue Kette logischer Schlüsse vor Darwins Geist diesmal erschienen war.

Seit frühester Zeit sind die Naturkundigen darauf aufmerksam geworden, wie erstaunlich die einzelnen Arten der lebenden Wesen auf der Erde den Verhältnissen angepaßt erscheinen, unter denen jede einzelne Art lebt. Der Vogel ist durchweg bis in jedes Einzelorgan seines Körpers hinein der Lebensweise in der Luft, dem Fliegen angepaßt, der Fisch dem dauernden Aufenthalt im Wasser, der Affe dem Klettern auf Bäumen, das Pferd dem Laufen in der Ebene, der Eisbär der Kälte des Pols, das Murmeltier und die Gemse den Alpenhöhen u. s. w. Unerschöpflich gradezu sind die Wunder dieser Anpassung. Bis auf die äußere Farbe sogar erstreckt sie sich. Wehrlose Tiere haben ihre besondere, der Umgebung angepaßte Farbe: der Laubfrosch auf dem grünen Blatte ist grün, der Schneehase auf dem Alpenschnee weiß, unser gewöhnlicher Hase lehmfarben wie der Erdboden, auf dem er sich niederduckt, der Fisch im Wasser schillert bläulich und silbern. Der Anhänger der Ansicht, daß auf der Erde zu gewissen Zeiten immer wieder neue Arten fix und fertig durch einen unbegreiflichen Akt entstanden sind, muß annehmen, daß jede Art dabei ihre entsprechende „Anpassung" gleich mitbekam: der Fisch wurde gleich mit der Ausrüstung fürs Wasser hervorgebracht, der Laubfrosch grün und so fort. Nun soll aber einmal theoretisch zugestanden sein, die Entstehung der Arten sei zu denken als eine langsame Entwickelung, — etwa so, daß zu Anfang in der Erdgeschichte nur einige oder gar nur eine einzige Art direkt entstanden wäre, alle folgenden Arten sich aber nach natürlichen Gesetzen aus dieser Ur-Art entwickelt hätten. Wie verhielte sich zu dieser Entwickelung jene Anpassung, wie ordnete sie sich ihr ein?

Hier ist jedenfalls zunächst einleuchtend, daß die ganze Entwickelung thatsächlich nichts anderes darstellt, als einen anderen Ausdruck für den einfachen Sachverhalt, daß im Laufe der Zeiten in der Erdgeschichte eben die Anpassung bei den lebenden Wesen immer umfassender, immer vollkommener, immer vielseitiger geworden ist. Fortschreitende Entwickelung im Tier- und Pflanzenreich heißt nichts anderes als fortschreitende Entwickelung hinsichtlich der Anpassung. Wenn wir sagen: das höhere Tier mit seiner Bewegungsfähigkeit, die durch einen höchst kunstvollen Nervenapparat geregelt und durch vortreffliche direkte Organe in Gang gebracht wird, steht „höher" als das niedere Tier, ja selbst als die höhere Pflanze, ist „entwickelter" als diese, so nehmen wir dabei eben jene zentralisierte und geordnete Beweglichkeit als Maßstab, — diese Beweglichkeit ist aber nichts anderes als eine Anpassung. Oder wenn wir sagen, der Mensch steht höher etwa als der Maulwurf, so ist der Sachverhalt genau ebenso. Der Maulwurf ist an eine bestimmte Lebensweise, das Wühlen unter der Erde, „angepaßt", sein ganzer Leibesbau, die großen Grabschaufeln der Vorderfüße, die verkümmerten Augen und andere Merkmale sind lauter Anpassungen, die dahin zielen. Aber diese in sich sehr schöne und brauchbare Anpassung beim Maulwurf sinkt doch ganz kläglich herunter, wenn wir sie am Menschen messen, der mit Hülfe seiner Werkzeuge (also gewissermaßen vergeistigter, nach außen projizierter Gliedmaßen höheren Grades) den Granitfels des St. Gotthard im Tunnel durchbohrt hat und zu solcher Leistung noch das ganze Glück hat, daß er nicht gleich dem Maulwurf bloß für die eine Leistung „angepaßt" ist, also bloß wühlen und Tunnels bauen kann, sondern daß er auch Anpassungen für tausend andere Beschäftigungen in sich vereinigt. Der blinde Maulwurf ist verloren, wenn er sein Erdloch verläßt, — der Mensch aber wandelt im Licht so gut wie in der Finsternis, die er künstlich erhellt, er fährt im Ballon durch die Luft und spaziert in der Taucherrüstung auf dem Meeresgrunde, er ist schon heute das Wesen der nahezu vollkommenen, allseitigen Anpassung auf Erden.

Wenn es sich aber so verhält, wenn Entwickelung in der That nichts anderes ist als immer vollkommenere Anpassung, dann wäre ja wohl die Erklärung, der Grund, die treibende Kraft der Entwickelung von selbst gegeben, wenn wir Erklärung, Grund oder treibende Kraft für die Entstehung und Vervollkommnung der Anpassung finden könnten. Anpassung heißt Anpassung an äußere Verhältnisse. Der Bau des Fisches ist Anpassung an die äußeren Verhältnisse des Wassers, der Bau des Vogels Anpassung an die Verhältnisse der Luft. Meer, Süßwasser, Land, Luft, Wärme, Kälte, Gebirge, Wüste, Inseln, Pol, Äquator und so weiter: alle diese „Verhältnisse" und noch viel mehr müssen wir uns auf der einen Seite als gegeben denken. Auf der andern Seite denken wir uns zunächst gewisse lebendige Urwesen von einfachstem Bau, vielleicht alle einer einzigen Art angehörig, die anfingen, sich infolge einfacher Vermehrung durch Fortpflanzung über die große, vielgestaltige Erde auszubreiten. Im Laufe gewisser Zeiten, so sehen wir, ist es dann dahin gekommen, daß ein Teil der Nachkommen jener Urwesen im Meer, ein Teil im Süßwasser, noch andere auf dem Lande und einige sogar in der Luft ausdauern, daß ein Teil die kalten Zonen bewohnt, ein Teil die warmen, einige die Gebirge, andere die Ebenen, — und das alles kraft zahlloser glücklichster Anpassungen in ihrem Leibesbau. Wie konnte das zugehen? Die entscheidende Macht waren einerseits die verschiedenartigen Verhältnisse selbst, andererseits und gewissermaßen entgegenkommend gewisse Eigenschaften der lebenden Wesen, die wir noch heute beständig an diesen beobachten können. Dabei lag der Prozeß aber keineswegs so, daß die äußeren Verhältnisse etwa einen dunklen „Willen" in sich gehabt hätten, Anpassungen der lebenden Wesen hervorzurufen. Und ebenso wenig steckte in den lebenden Wesen ein besonderer innerer Trieb oder Willen, der sie zu Anpassungen anspornte. Sondern die Anpassung entstand durch das einfache Zusammentreffen der Lebewesen mit den äußeren Verhältnissen ganz mechanisch, das heißt: durch natürliche Wirkungen, für deren Erklärung unsere bekannten Naturgesetze logisch ausreichen. Es mußte nämlich folgendes eintreten.

Sehen wir uns einen Moment scharf an, was für Eigenschaften die lebenden Wesen für jenen merkwürdigen Vorgang aus sich mitbrachten. Im Reich der Tiere und Pflanzen gilt als ein im allgemeinen festes Gesetz, das im Wesen des Lebens wohl miteinbegriffen sein muß: daß die leiblichen Nachkommen eines Geschöpfes dieselbe Gestalt bekommen, die dieses Geschöpf besitzt. Hunde bringen allemal wieder Hunde zur Welt, Katzen Katzen, Kaninchen Kaninchen. Die Anpassungsform, die von den Eltern verkörpert wird, stellt auch das junge Tier wieder dar: das junge Kaninchen zeigt Nagezähne und Läufe wie das alte, die junge Katze ein Raubtiergebiß und Raubtierkrallen wie die alte. Man bezeichnet das als die Erblichkeit oder auch das Gesetz der Vererbung. Die Gegner der Entwickelung einer Art aus einer andern beriefen sich in erster Linie immer auf dieses Gesetz, sie folgerten daraus, daß es schlechterdings keine andere Möglichkeit gebe, als daß Katzen seit alters immer wieder nur Katzen, Kaninchen nur Kaninchen, Affen nur Affen hervorgebracht hätten. Und auf den ersten Anblick scheint das auch so einleuchtend wie nur möglich.

Indessen wenn man schärfer hinsieht, so gewahrt man, daß diese Erblichkeit zwar im ganzen herrscht, daß aber innerhalb ihres Gebietes doch eine gewisse Einschränkung durch eine zweite, anscheinend auch im Wesen des Lebens tief begründete Erscheinung erkennbar wird. Die jungen Wesen, die eine Pflanze oder ein Tier erzeugt, gleichen durchweg nicht völlig dem Mutterwesen. Im allgemeinen ist die Ähnlichkeit zwar da: der ganze Wurf Junge beispielsweise bei einer Katze zeigt durchaus nur wieder Katzen. Aber in kleinen, zunächst meist ziemlich belanglosen Dingen pflegen die jungen Kätzchen doch jedes für sich ihre Eigenart zu haben. Dieses ist mehr weiß gezeichnet, jenes mehr schwarz. Dieses hat einen ganz unbedeutend längeren Schwanz als die andern, jenes einen etwas dichteren Pelz. Es offenbart sich da etwas, was man im Gegensatz zur Erblichkeit das Variieren oder die Variabilität, zu deutsch: die Veränderlichkeit genannt hat. Wir Menschen brauchen ja nur an uns, an das Verhältnis von Eltern und Kindern zu denken, um auch an uns beide Erscheinungen zu gewahren: die Erblichkeit, die die Kinder von Menschen wieder zu Menschen macht; und die Variabilität, die trotzdem jedem Kind seine ganz individuellen, besonderen Anlagen verleiht. Wir wollen hier nicht auf die Untersuchung eingehen, warum im ganzen Bereich des Lebens diese beiden Erscheinungen hervortreten. Wir können sie auf alle Fälle als etwas Festes hinnehmen, etwas, das überall der Augenschein lehrt, und das kein Naturforscher leugnen kann. Was uns interessiert, ist die Frage, wie diese beiden — „Eigenschaften des Lebens", wollen wir einmal sagen, sich logisch zum Rätsel der Entstehung neuer und verbesserter Anpassungen stellen.

Zunächst ist klar: die Erblichkeit an sich ist gewiß kein Mittel zur Entstehung solcher neuen Anpassungen. Wenn sie wirklich allein und absolut gültig wäre, wären sich die lebenden Wesen von Beginn an bis heute ewig gleich geblieben und hätten niemals neue Anpassungen erwerben können. Aber die Erblichkeit ist ja nicht absolut. Es durchkreuzt sie in gewissem Maße die allgemeine Variabilität. Wie steht es mit der? Da ist nun auf den ersten Blick auch hier so viel klar: die Variabilität ist zwar der Entstehung neuer Anpassungen (und damit Entwickelungen) nicht eigentlich feindlich, aber an sich ist sie jedenfalls auch dafür indifferent. Durch die Variabilität entstehen wohl allerlei kleine Abweichungen von der Grundform; aber es giebt durchaus kein Gesetz, das vorschriebe, alle diese Abweichungen müßten „nützliche“ sein, die zu Anpassungen führten, und sie müßten allmählich wirklich selbstthätig solche Anpassungen erzeugen. Die kleinen Varianten treten anscheinend ganz ohne jeden Zweck hervor, ohne jedes Gesetz, das nach einer bestimmten Seite triebe, sie erscheinen recht wie planlose Zufälle, die allerdings, wie alle Dinge des Naturgeschehens, jedenfalls eine Ursache einzeln haben werden, aber sicherlich nicht eine, die unmittelbar auf die Entstehung neuer nützlicher Anpassungen hinarbeitete. Nehmen wir ein Beispiel. Hier ist ein Kaninchen. Es soll drei Junge werfen. Im Grundbau sind alle drei wieder Kaninchen, nach dem Gesetz der Erblichkeit. Aber in der Farbe des Pelzes tritt die Variabilität hervor. Nur eines der Kaninchen ist braun wie die Mutter. Das zweite ist schwarz, das dritte gar schneeweiß. Grade die dreifache Verschiedenheit zeigt so recht, daß die Variabilität ganz blind arbeitet hinsichtlich der Anpassung: bei dem braunen Jungen hätte sie machtlos das Vorhandene stehen lassen, mit Weiß und Schwarz aber gab sie nicht *eine* nützliche neue Anpassung, sondern *zwei* zunächst ganz belanglose Neuerungen überhaupt.

Und doch! Grade hier setzt ein wichtiger Gedanke ein. Wir gingen ja aus von *zwei* Wirkungen, deren Zusammenarbeiten die fortschreitenden Anpassungen und damit die Entwickelung und die Entstehung der Arten erklären sollte. Wir sind bis jetzt dem gefolgt, was die Organismen dazu aus sich boten. Das war auf alle Fälle nur Arbeit der einen Seite. Es bleibt die zweite: die äußeren Verhältnisse. Verfolgen wir das Beispiel von den drei jungen Kaninchen unter Berücksichtigung des Hineinspielens dieser zweiten Seite noch ein Stück weiter, und wir werden etwas Überraschendes erkennen.

Die drei Kaninchen, von der Variabilität in drei Farben gefärbt, sollen heranwachsen. Sie treten in etwas ein, das man mit kurzem Schlagwort den „Kampf ums Dasein" nennen mag. Mit andern Worten heißt das einfach: die drei Kaninchen treten im weitesten Sinne in das Getriebe der äußeren Verhältnisse ein. Jedes strebt nach möglichst unbehelligter Lebensentfaltung. Es will so lange leben, als es kann, es will sich also vor Feinden schützen und Nahrung finden, und es will sich als Krone seiner Existenz mit einem andern Kaninchen vereinigen und abermals das Geschlecht der Kaninchen fortpflanzen. Nun aber zeigt sich in einer ganz eigentümlichen und gradezu aufdringlichen Weise, daß bei dem Bestreben nach solchen Dingen die drei Tiere je nach gewissen äußeren Verhältnissen, auf die sie grade treffen, ganz deutlich verschiedene Lebensaussichten haben. Das ist so zu verstehen. Die drei Kaninchen (setzen wir das einmal als ersten Fall) bleiben Zeit ihres Lebens auf braunem Heideboden. Zahlreiche Feinde stellen den Kaninchen nach. Das Kaninchen ist in den meisten Fällen verloren, sobald es überhaupt gesehen wird. Nun haben die drei jungen Tiere dreierlei Farben. Nur eine davon, die braune, ist zufällig die beste Schutzfarbe für dieses braune Heideland. In Fällen, wo das schwarze und das weiße Kaninchen infolge ihrer vom braunen Grunde abstechenden Farbe gesehen werden, bleibt das braune Kaninchen ungesehen. Da nun der Kampf ums Dasein in der Natur allerorten äußerst heftig ist und meist überhaupt nur zuläßt, daß ein gewisser geringer Prozentsatz von jungen Tieren zu längerer Lebensdauer und zur Fortpflanzung gelangt, so wird von diesen drei Kaninchen wahrscheinlich nur eins und zwar das braune durchkommen und zu jenem Prozentsatz zählen. Nachdem sein weißer und sein schwarzer Bruder längst von Raubtieren gefressen sind, wird es endlich allein zur Fortpflanzung gelangen. Da aber das Gleiche ringsum bei allen gleichaltrigen Würfen junger Kaninchen auf der braunen Heide sich vollzogen haben muß, so wird die Wahrscheinlichkeit eine hohe werden, daß unser braunes Kaninchen sich auch mit einem andern überlebenden ebenfalls braunen Kaninchen paart. Damit aber wächst die weitere Wahrscheinlichkeit, daß jetzt, auf Grund des Vererbungsgesetzes, unter den Nachkommen dieses braunen Paares abermals wenigstens einige braune Kaninchen sein werden, die sich dann abermals allein erhalten und paaren werden. Wenn auch die Variabilität immer noch ab und zu ein weißes oder schwarzes Kaninchen dazwischen werfen mag, so werden diese doch stets nach dem gleichen Prinzip durch den Kampf ums Dasein als schlechter angepaßte Varietäten ausgemerzt werden. Und nach längerem Ausmerzen wird schließlich wohl nur mehr ein fester Stamm brauner Kaninchen an diesem Fleck das Feld bewohnen: die äußeren Verhältnisse haben direkt braune Kaninchen gezüchtet.

Jetzt wollen wir uns den gleichen Fall aber einmal so denken, daß jene drei ersten Kaninchen, das braune, das schwarze und das weiße, statt auf braunes Heideland auf weißen Schneeboden versetzt worden wären, — sei es nun, daß sie nach Nahrung wandernd an die Schneegrenze des Hochgebirges gekommen wären, oder sei es, daß das Klima des Landes sich auf einmal verschlechtert und eine Folge schier endloser Winter erzeugt hätte; beides, weite Wanderungen von Tieren aus Nahrungs- oder aus sonstigen Gründen und klimatische Wandlungen sind ja vollkommen zulässige Möglichkeiten im Naturhaushalt und dem vielgestaltigen Laufe der Erdgeschichte. In diesem Falle, auf weißem Untergrunde, würde die Sache naturgemäß ganz anders verlaufen. Das weiße Kaninchen hat von den drei Varietäten jetzt allein die angepaßte Schutzfärbung: es bleibt allein im Kampfe ums Dasein erhalten, paart sich mit einem andern weißen und führt zu einer wesentlich weißen Kaninchenrasse. Die Züchtung durch die äußeren Verhältnisse hat hier — entsprechend anders gearteten Verhältnissen — etwas völlig Andersartiges hervorgebracht als auf dem braunen Heideboden. Wer nach Jahren in die Gegend käme und zuerst auf der braunen Heide die braunen und dann auf dem weißen Schneefelde die weißen Kaninchen erblickte, der müßte aufs höchste entzückt sein von dieser glänzenden Verteilung, die jede Kaninchenform grade auf das ihrer Anpassung entsprechende Terrain gebracht hätte. Vielleicht würde er die wunderlichsten

Gedanken bekommen über das Wunder, das hier vollbracht sei. Und doch liegen die Sachen so, man möchte wohl sagen, gröblich einfach: die äußeren Verhältnisse selbst haben durch ein beständiges Ausmerzen aller unpraktischen Varietäten eine Art Züchtung oder Zuchtwahl ausgeübt, aus der zwangsweise immer nur die brauchbarste, die bestangepaßte Varietät als überlebende hervorgehen konnte. Was aber hier in grobem Beispiel von den Kaninchen erzählt wird, läßt sich aller Wahrscheinlichkeit nach auf die ganze Tier- und Pflanzenwelt hinsichtlich ihrer großartigen Anpassungen übertragen. Gewisse Ur-Arten der Tiere und Pflanzen (oder auch nur vielleicht eine einzige Art) besaßen bereits neben der Vererbung jene Grundeigenschaft des Variierens. Durch Vermehrung und das Bedürfnis nach Nahrung getrieben, breiteten sie sich allmählich über die Erde aus. Sie kamen dabei in Berührung mit allen möglichen, unter sich äußerst verschiedenartigen Verhältnissen. Jeder Einzelfall dieser Verhältnisse merzte lange Zeit hindurch für seinen Ort alle nicht entsprechenden, weniger angepaßten Varianten unter den jungen Tieren aus, züchtete dagegen beständig die besseren, mehr angepaßten Varianten dadurch weiter, daß er sie allein bestehen ließ und immer wieder zur Paarung unter ihresgleichen nötigte. So erfüllte sich die Erde ganz allmählich mit zahllosen Anpassungen. Je länger die Zeiträume der Erdgeschichte sich dehnten, desto feiner und verwickelter mußten natürlich diese Anpassungen werden. Der Zwang der Dinge im Existenzkampfe trieb die vorhandenen von selbst weiter. Denn wo immer brauchbare Anpassungen einfacherer Art einmal fest gegeben waren, da hob sich sehr bald die Ziffer des Prozentsatzes der Einzelwesen, die im Daseinskampfe erhalten blieben und zur Fortpflanzung kamen, die Gesamtmasse wurde größer, die Konkurrenz im Kampfe um das Dasein wurde verstärkt und der Erfolg waren erneute gewaltsame Auslesen und ein fortgesetztes Aufzüchten noch feinerer Anpassungen innerhalb der Linie der schon erreichten. Daneben wurden aber auch noch immerzu überhaupt neue Anpassungen der gröberen Art wieder nötig, da die Verhältnisse sich für weite Strecken der Erde im Banne geologischer Notwendigkeiten nachträglich noch wieder stark veränderten. Meer und Festland verschoben ihre Grenzen, Länder mit Palmenhainen gerieten tief unter Eis, Gebirge falteten sich langsam empor; aber die Anpassung hielt im allgemeinen glänzend Schritt, sie stieg weiter und weiter grade mit all diesen äußeren Wandlungen. Meist kamen diese ja im Sinne Lyells ganz allmählich ohne alle wüsten Katastrophen. Ein gewisser Prozentsatz Arten ging allerdings immer nebenbei mit der Zeit ganz zu Grunde, ohne sich umzuwandeln. Aber das blieb belanglos: was fiel, war ja stets das Schlechtere, — das Bessere, besser Angepaßte hielt sich. Und so wuchsen die Dinge bis auf unseren Tag, wo wir über den Gräbern zahlloser unbrauchbarer Varianten und abgethaner, überwundener Anpassungen das herrliche Schauspiel einer Tier- und Pflanzenwelt vor Augen sehen, die hinsichtlich der Anpassung gradezu einem meisterhaften Kunstwerke gleicht.

Das etwa ist im losesten Umriß die große Theorie Darwins von der Erhaltung der passendsten Varietäten durch die natürliche Zuchtwahl im Kampfe ums Dasein. Es war eine streng mechanische Theorie, die ein klares Licht zu werfen schien auf den natürlichen Hergang bei der Entstehung der Arten. Die Grundbegriffe, mit denen sie arbeitete und auf die sie alles zurückführte: Erblichkeit, Variabilität, örtlicher und zeitlicher Wechsel in den äußeren Verhältnissen, der Kampf ums Dasein, alle diese Punkte waren, wenn sie auch kaum bisher in so grelles Licht gerückt worden waren, einzeln festes Besitztum auch der strengsten Wissenschaft und mußten als solches einzeln auch von allen denen anerkannt werden, die sonst die Umwandlung der Arten für undenkbar erklärten. Es fragte sich aber, ob die neue logische Verknüpfung dieser an sich nicht strittigen Dinge nicht durch ihre fast aufdringliche Wahrscheinlichkeit auch sieghaft werden mußte, wenn sie einer einmal recht klar aussprach.

Darwin selbst hatte auch diese Gedanken über das „Wie?“ der Artentstehung nicht an einem Tage sich errungen, so wenig, wie er den allgemeinen Glauben an eine Umwandlung der Arten gleich im vollen Umfang einst gewonnen hatte. 1837, als er jenes erste Notizbuch in der Sache begann, hatte er wohl diesen „Glauben“, aber noch keineswegs die engeren theoretischen Gedanken über natürliche Zuchtwahl. Er hatte zunächst ein dunkles Gefühl, daß er alles sammeln müsse, was über Abändern der Tiere sowohl im zahmen wie im wilden Zustande bekannt sei. Eine Thatsache, die ihm in erster Linie dann zu denken gab und die wohl den Ausgangspunkt der ganzen Zuchtwahl-Theorie im Engeren gebildet hat, betraf die sogenannte künstliche Züchtung bei Tieren und Pflanzen, wie sie bei unsern praktischen Landwirten geübt wird. Die Landwirte wußten, so merkte er, längst aus den Grundgesetzen der Vererbung und Variabilität einen unmittelbaren Gewinn zu ziehen. Sie „züchteten" unter Benutzung dieser Gesetze bestimmte Tier- und Pflanzenrassen, die ihnen geschäftlich von Vortheil waren. Schlichte Schafzüchter mit offenem Blick für die Dinge hatten es fertig gebracht, die Wolle ihrer Schafe in einer schier unglaublichen Weise zu verbessern, indem sie eine Reihe von Generationen solcher Schafe einer ganz bestimmten „künstlichen Zuchtwahl" unterwarfen. Es wurden aus einer großen Masse junger Schafe sorgsam diejenigen ausgesucht, die durch die Variabilität (die stets hier die Stärke der Haare geringfügig schwanken läßt) das feinste Haar mitbekommen hatten. Der Unterschied mochte zunächst noch so unbedeutend, kaum dem geübtesten Blick eben bemerkbar sein: der Züchter wußte, wie er ihn verstärkte. Er ließ grade diese relativ am meisten zartwolligen Individuen sich fortpflanzen. Unter den Jungen wählte er wiederum die mit möglichst zarter Wolle aus und züchtete sie allein weiter, — und so fort verfuhr er mit einer ganzen Reihe von Generationen. Die zartere Wolle, anfangs eine zufällige Variante unter tausend andern, wurde in dieser festen Zuchtreihe schließlich eine Art dauerhaften Familienmerkmals, das mit der Zeit als sicheres Gut in die einfache Vererbung gerieт und allen direkten Nachkommen in zunehmendem Maße übermittelt wurde: eines Tages hatte der umsichtige Züchter eine neue Schaf-Rasse zur Verfügung, die eine sehr viel bessere, für ihn weitaus nutzbringendere Wolle besaß. Solche Experimente waren von Landwirten bei Tieren sowohl wie bei Pflanzen nicht einmal, sondern in zahllosen Fällen gemacht worden. Deutlich trat darin hervor, wie die kleinen Varianten zu dauernden

Abänderungen führen, sobald eine nach bestimmtem Prinzip auswählende und ausmerzende Macht darüber kommt, — in diesem Falle der Wille des Menschen. Darwin vertiefte sich eingehend in diese Dinge. Er trat mit Fragebogen an erfahrene Tierzüchter heran und verlegte sich selbst auf die Taubenzucht. Und diese Studien wurden ihm doppelt wichtig, als er schon in den ersten Jahren der Londoner Zeit nach der Reise fast durch einen Zufall den Schlüssel entdeckt zu haben glaubte, der das Geheimnis des Zusammenhanges zwischen dieser künstlichen und der natürlichen Zuchtwahl löste.

Bei der künstlichen Zuchtwahl züchtete — unter sonst fast gleichen Bedingungen — der Mensch aus zufälligen Varietäten gewisse feste Rassen, die seinen Wünschen angepaßt waren. Welche Naturmacht aber konnte im Laufe der Erdgeschichte bei den frei lebenden Tier- und Pflanzenarten eine natürliche Zuchtwahl ausgeübt haben, die so unendlich zahlreiche, den Tieren und Pflanzen selbst nützliche Anpassungen erzeugt hatte? Hier schien ein älteres Buch, das dem Grübelnden 1838 in die Hände geraten war, einen Wink zu geben. Es war das Werk über die Gesetze in der Zunahme der menschlichen Bevölkerung von dem Nationalökonomen Malthus, erschienen in England 1798. Malthus suchte den Satz zu beweisen, daß bei der Vermehrung der Menschen auf der Erde gewisse Erscheinungen des Existenzkampfes (Hungersnot, Elend aller Art im Zusammenhang mit mangelnden Subsistenzmitteln) eine Art notwendiger Korrektur ausübten. Der Mensch, lehrte Malthus, hat an sich das Bestreben, seine Zahl unbegrenzt zu vermehren. Aber die Nahrungsmittel, die äußern Mittel zur Erhaltung der Existenz der Einzelmenschen stehen nicht in gleicher Zunahme zur Verfügung. So erfolgt beständig durch alle Formen von Not und Mißlage eine zwangsweise Einschränkung des unbeschränkten Volkswachstums, besonders Kinder sterben in großen Massen alltäglich infolge mangelhafter Verhältnisse früh wieder dahin, und immer nur ein gewisser Prozentsatz des wirklichen Menschenmaterials kommt thatsächlich zur Entfaltung. Die neuere Nationalökonomie hat sich vielfach zu den Rechnungen von Malthus in schärfsten Gegensatz gestellt, und es kommt ja auch nicht viel darauf an, ob sie für den Menschen, vor allem eine noch verbesserte Zukunft des Menschen, nun wirklich passen oder nicht. Darwin entnahm von Malthus viel weniger direkte Angaben, als vielmehr gewissermaßen einen logischen Gedanken. Die natürliche Auslese wurde ihm klar, die unter gewissen Verhältnissen der Existenzkampf, der „Kampf ums Dasein", ausüben müßte. Und wie ihn einst vor dem Panzer des Riesengürteltiers in Südamerika der Gedanke durchblitzt hatte: es gibt eine Entwickelung im Bereich des Lebendigen — so blitzte ihm jetzt über dem Buche des Malthus auf: hier, im Kampf ums Dasein, ist für natürliche, vom Menschen unabhängige Verhältnisse die Macht gegeben, die vor den Varietäten den menschlichen Tier- und Pflanzenzüchter ersetzt; der wild tobende, fortwährend die aufkommenden Massen der Individuen dezimierende Kampf um Dasein läßt nur die besten, fortschrittlichen, zu neuen Anpassungen und Kampfesvorteilen führenden Varietäten der Tiere und Pflanzen zur vollen Entfaltung kommen, er übt zwangsweise eine „natürliche Zuchtwahl". Damit war der Kerngedanke der Theorie gegeben. Jede Thatsache, die das Studium der künstlichen Zuchtwahl, wie sie der Mensch heute ausübt, bot, fügte sich in die Beweiskette für die natürliche, vom Kampf ums Dasein selber in der freien Natur seit Jahrmillionen der Erdgeschichte ausgeübte Zuchtwahl als folgerichtige Analogie ein.

IX.

Das Buch über die Entstehung der Arten.

Im Jahre der Übersiedelung nach Down, 1842, hatte Darwin sich eine erste zaghafte Skizze des ganzen Gedankengangs mit Bleistift aufgezeichnet. Zwei Jahre darauf schrieb er einen größeren Aufsatz von 230 Seiten nieder, auch das rein zum Privatgebrauch. Da er aber in den folgenden zehn und mehr Jahren mit immer größerem Nachdruck Stoff zusammensuchte, konnte es seinen Freunden nach und nach doch nicht verborgen bleiben, in welcher Arbeit er stecke. Er selbst, wenn er einmal ein Wort darüber verlor, pflegte sich lächelnd als einen haarsträubenden Ketzer zu bezeichnen, der auf schöne Allotria im stillen ausgehe. Es sei ihm, schreibt er einmal an Hooker, als solle er einen Mord eingestehen: aber er könne nicht mehr an die Unveränderlichkeit der Arten glauben. Um die Zeit, als das Werk über die Rankenkrebse abgeschlossen war, lag in den Mappen seines Arbeitszimmers in Down ein Material beisammen, das mindestens Stoff für ein halbes Dutzend Bände gab, falls er nur endlich einmal an die Ausarbeitung gehen wollte. Und doch schien er auch in der zweiten Hälfte der fünfziger Jahre noch immer keine ganz feste Lust zu haben, an die verfängliche Sache offen heranzutreten. Selbst ein so vorsichtiger Forscher wie Lyell riet ihm 1856, er solle doch endlich mit seinem Schatz herausrücken. Lyell, dem Lamarck ein Greuel war, hatte nun doch nachgerade gemerkt, daß hier wirklich ein ganz anders feiner und findiger Kopf darauf und daran sei, selbst aus dem mißlichsten Boden einen echten Schatz zu heben. Wozu da noch länger zögern? Eines Tages konnte der arme Kranke von Down, in dem eigentlich bloß das Gehirn noch allein gesund war, jäh abberufen werden, — was dann? Und wenn ihm nun mit der Zuchtwahl-Theorie ein anderer unversehens zuvorkam, Ähnliches öffentlich aussprach? Darwin ließ sich zureden, versprach, an die Arbeit zu gehen, sah seine unendlichen Notizen durch, entwarf den Plan eines Riesenbuches, das auf einen Wurf gleich das vollkommene Material bieten sollte, — nochmals aber gingen fast zwei Jahre hin, ohne daß die Sache in Fluß kam.

Da auf einmal, im Juni 1858, tritt etwas ein, das einer Art Entscheidung auf Jetzt oder Niemals gleich kommt. Bei Darwin läuft mit der Post aus entlegenstem Erdenwinkel, nämlich von der Insel Borneo im malayischen Archipel, ein Brief mit einem Manuskript ein. Alfred Russel Wallace, ein jüngerer englischer Forscher und Sammler, der sich zur Zeit mit dem eingehendsten Studium der Tierwelt jener malayischen Inseln an Ort und Stelle befaßt, sendet dem älteren Gelehrten daheim als Vertrautem eine kleine Arbeit, in der er gewisse Ideen, die ihm auf der Reise gekommen sind, niedergelegt hat. Darwin soll von dem Manuskript Kenntnis nehmen und es dann an Lyell zur öffentlichen Verlesung in einer Sitzung der Linnean Society, einer berühmten wissenschaftlichen Vereinigung zu London, weitergeben. Darwin liest — und erkennt, daß Wallace durch völlig unabhängiges Denken auf die Grundzüge der Theorie von der Entstehung der Arten durch natürliche Zuchtwahl gekommen ist. In diesem schicksalsschweren Augenblick tritt Darwins ganze moralische Größe hervor. Deutlich vor Augen steht ihm, daß ein zweiter im Begriff ist, das vielleicht wichtigste, ihm jedenfalls liebste Resultat seiner ganzen eigenen Forscherarbeit von zwanzig Jahren ihm in der Öffentlichkeit einfach vorweg zu nehmen. Kein Zweifel, daß ihm, Darwin, innerlich das Erstlingsrecht der Entdeckung gebührt. Aber er selbst hat noch keine Zeile veröffentlicht und ist auch in diesem Augenblick erst ganz bei den Anfängen einer wirklich druckfertigen Arbeit. Wallace dagegen schickt ein zwar ganz kurzes, aber druckbereites und ausdrücklich für die unmittelbare Veröffentlichung bestimmtes Manuskript. So scheint ihm, daß er einfach zurücktreten müsse. Wallace soll das Wort haben, mag kommen was da will. „Es ist erbärmlich von mir,“ schreibt Darwin in einem Briefe, „sich überhaupt um Priorität zu kümmern.“ Lieber will er sein ganzes angesammeltes Eigenmaterial verbrennen, als bei Wallace auch nur den leisesten Schein eines unehrenhaften Vertrauensmißbrauchs für eigene Interessen erwecken. In diesem Sinne schickt er das Manuskript an Lyell. Aber alsbald bestürmen ihn jetzt die Vertrauten, Lyell und Hooker, und verlangen geradezu gebieterisch im Namen wissenschaftlicher Wahrheit von ihm mindestens eine gleichzeitige Veröffentlichung. Lyell will das Manuskript von Borneo nur unter der Bedingung der Londoner Gesellschaft vorlegen, daß in derselben Sitzung auch irgend eine Kundgebung Darwins verlesen werde. Der Berufung auf eine gewisse schlichte Logik, ein einfaches Richtigstellen der objektiven, später vielleicht nie wieder so zu gewinnenden Wahrheit, das über alle Prioritätsfragen geht, kann sich Darwin schließlich nicht entziehen. Er willigt ein, mit einem gewissen Unbehagen, als gälte es ein Opfer, das sein moralisches Empfinden dem Verstande bringt. Kein Augenblick in dem ganzen Leben dieses seltenen Menschen ist heller, reiner als dieser. Wallace selbst, auch er ein Charakter ohne Makel, hat in der Folge, als er den Sachverhalt erfuhr, Darwin das Zeugnis ausgestellt, daß er nach jeder Richtung tadellos gedacht wie gehandelt habe. Am Abend des 1. Juli 1858 wurde in der Londoner Gesellschaft in Gegenwart von Lyell und Hooker sowohl Wallaces Aufsatz verlesen, wie eine vorläufige Mitteilung Darwins über seine vieljährigen Studien und Resultate. Beide Arbeiten erschienen auch gedruckt im Journal des Vereins. Knapp wie sie waren, ohne Belege, in dieser Form wirklich nur scheinbar nackte Einfälle ohne jede streng wissenschaftliche Begründung, machten sie beide zuerst gleich wenig Eindruck. Wallaces Aufsatz allein wäre sogar vermutlich am nächsten Tage schon begraben und vergessen gewesen. Was die Sache noch zur Not etwas stützte, war Darwins Name, das drollige Zusammentreffen und schließlich, wohl am meisten, die Verheißung, es werde grade von Darwins Seite ein ausführliches Werk in kurzer Frist nachfolgen.

Auf Darwin lag jetzt für die nächste Zeit die Verpflichtung, ein wirkliches Buch, koste es ihn was es wolle an Arbeit, herauszubringen. Seine Gesundheit war grade so schlecht wie möglich, fast verzweifelte er. Kein Gedanke, etwa längstens in Jahresfrist das ursprünglich geplante mehrbändige Riesenwerk druckfertig zu machen. Auch das versprochene „Buch“ konnte nur wieder ein Auszug sein, wenn auch ein etwas spezialisierter, der wenigstens die unentbehrlichsten Hülfsmittel enthielt. Dreizehn Monate schreibt Darwin, schreibt, kürzt wieder, schiebt ein, quält sich zum äußersten. Ein stilistisch rundes Werk liefern ist stets seine höchste Pein, obwohl er, wenn die Sachen fertig sind, sich ebenso regelmäßig als ein ganz genialer Ordner, vielfach auch als ein Stilist von gewiß nicht niedrigen Fähigkeiten (man muß immer das Spröde des Stoffs berücksichtigen!) erweist.

Im November 1859 erscheint das Epoche machende Buch: „Über die Entstehung der Arten durch natürliche Zuchtwahl oder die Erhaltung der begünstigten Rassen im Kampfe ums Dasein.“

Alles in allem genommen, mußte man sagen, daß Darwin sich seinen eigenen Bedenken zum Trotz schließlich gradezu glänzend aus der Sache gezogen hatte. Einerlei, wie man über den Wert der Ideen darin urteilen mochte: das Buch war als Buch eine Leistung ersten Ranges. Die Form ist, zumal im Anfang, sehr gedrängt, zweifellos mit gewissen Gefahren der Improvisation behaftet. Die ersten Seiten haben manchen abgeschreckt, da Darwin in einer Weise auf jeden Glanz, jede künstliche Spannung in der Einführung verzichtet, die selbst bei einem rein wissenschaftlich gedachten Werke überraschen muß. Aber wenn man über diesen allerersten Stimmungseindruck hinweg ist, so ist es auch, als hebe sich ein Schleier. Von Blatt zu Blatt fühlt man immer bedeutender die sichere Hand eines Führers von gradezu bannender, bezaubernder Logik, und man fühlt auch sehr gut, daß der Darsteller trotz schlichter Mittel alle Wirkungen vollkommen treffsicher herausgebracht hat, die der Denker zu seiner Beweisführung braucht. Gegen Ende werden die Fäden so straff, daß man meint, einen ganz großen Redner von Weltruf irgend eine juristische Sache mit den stärksten Schlagern zusammenfassen zu sehen. Selbstverständlich bildet die Theorie von der natürlichen Zuchtwahl, die ja schon der Titel hervorhebt, den Mittelpunkt des Ganzen. Nachdem sie aber heraus ist und der Leser wirklich den Glauben gewonnen hat, in das „Wie?“ einer natürlichen Entwickelung einen Blick thun zu können, folgen wie wuchtige Keulenschläge die mehr allgemeinen Beweisstücke, die überhaupt für langsame Entwickelung sprechen auch abgesehen von der engeren Zuchtwahltheorie.

Mit großem Geschick wird Lyells geologische Anschauung, deren unabhängiger Sieg damals schon für entschieden gelten konnte, für die neue Sache ausgespielt. Die geschichtliche Folge der Tier- und Pflanzenarten auf der Erde wird herangezogen, und auf Schritt und Tritt fühlt man, daß für dieses geologische Gebiet ein Fachmann zu uns spricht, der die Thatsachen wie kaum ein zweiter seiner Zeit beherrschte. Es war vorauszusehen, daß von der Geologie aus trotz Lyell auf einen Einwand Gewicht gelegt werden würde, der noch heute oft gegen darwinistische Gedanken erhoben wird. Wenn die natürlichen Entwickelungen so stattgefunden haben, wie sie Darwin sich denkt: warum haben wir dann nicht in den versteinerten Resten früherer Tiere und Pflanzen der Erde allenthalben glatte Reihen von lauter Übergängen vor uns? Dieser Einwurf, so zeigt uns der Geologe Darwin, wäre vollauf berechtigt in einem Falle: wenn nämlich in unsern Museen wirklich die versteinerten Reste aller Tier- und Pflanzenarten lägen, die jemals auf Erden gelebt haben; in diesem Falle müßten, sollte die Theorie richtig sein, in der That lauter Ketten langsam ineinander übergehender Formen erscheinen. Aber die Voraussetzung ist nicht erfüllt. Wir kennen von den ausgestorbenen Tieren und Pflanzen in Wahrheit nur einen ganz kleinen Bruchteil, von dem uns zufällig deutliche Reste im Gestein erhalten geblieben sind. Allenthalben weist unsere Überlieferung selbst die gröbsten Lücken und damit werden natürlich auch die geforderten Ketten von Übergangsformen lückenhaft oder ganz unkenntlich. Es ist heute interessant hinzuzufügen, daß seit Darwins Buch unser Wissen von den vergangenen Wesen der Erde sich ganz gewaltig erweitert hat. Und je mehr es das gethan hat, desto mehr haben sich (ganz im Sinne Darwins) auch wirkliche Übergangsformen und Ketten von solchen eingestellt. Im Schiefergestein von Solenhofen in Bayern ist eine Übergangsform gefunden worden zwischen Eidechse und Vogel, die sogenannte Archäopteryx (Urvogel), ein Geschöpf, das schon Federn und befiederte Flügel hatte wie ein Vogel, im Maul aber noch Zähne trug, oben am Flügel Krallen sitzen hatte wie ein Reptil und hinten einen langen, aus vielen Wirbeln zusammengesetzten Eidechsenschwanz hinter sich her zog. In Nordamerika sind sämtliche Übergangstiere der Reihe nach zu Tage gekommen, die kleine Säugetiere mit fünf Zehen an den Füßen mit unserm einhufigen Pferde verknüpfen. Und ähnlicher Fälle ließen sich heute eine ganze

Reihe aufzählen. Ein anderer wahrscheinlicher Einwand gegen natürliche Entwickelung war, daß man fragte, warum nicht gegenwärtig noch unter unsern Augen durch natürliche Zuchtwahl Tierarten ineinander übergingen und neue Arten erzeugten? Warum waren nicht wenigstens in den langen Jahrhunderten menschlicher Geschichte längst solche Wandlungen allerorten sichtbar geworden? Die einfache Antwort lautete in diesem Falle, daß die natürliche Züchtung im Sinne Darwins außerordentlich langsam vor sich gehe, jedenfalls so langsam, daß es selbst in einer Reihe von Jahrhunderten kaum möglich sein könne, auffällige, stark hervorspringende Veränderungen wahrzunehmen. Hier ließ sich indessen wiederum einwerfen, daß bei so ungeheuer langsamem Wandel der Dinge nicht einzusehen sei, wie dann die bekannte Erdgeschichte ausgereicht haben sollte für die Masse von Verwandlungen, die doch darin stattgehabt haben müßten. Wieder war es der kenntnisreiche, überlegene Geologe, der jetzt die schlagendste Beweisführung gab, daß die Erdgeschichte thatsächlich so lange Zeiträume in sich schließe, wie sie die Theorie fordert, und daß man solche kolossalen Zeiträume schon einfach anerkenne, wenn man Lyells Ansichten über die ganz allmählichen Wandlungen der Erdrinde, der Länder, Gebirge und Wasser annehme. In derselben Zeit, da die winzigen Wirkungen der Luft und des Wassers im Sinne Lyell's ganze Landmassen zerstört, Seebecken gegraben, Gebirge zernagt und als Geröll und Sand ins Meer geschwemmt hatten: in derselben Zeit, die gewiß nach Millionen von Jahren maß, konnten auch durch natürliche Auslese zahllose neue Arten von Tieren und Pflanzen sich gebildet haben. Ebenso umsichtig und klar wie diese geologischen Abschnitte des Buches sind andere, die zeigten, wie die heutige und frühere geographische Verteilung der Tier- und Pflanzenarten auf der Erde kaum anders zu erklären sei, als durch natürliche Zuchtwahl; trat dort der alte Augenblick, da der Geologe den Gürteltierpanzer in Südamerika ausgegraben, jetzt endlich öffentlich in sein Recht, so kehrte mit diesen geographischen Dingen der Zoologe von den Galapagosinseln wieder; dem großen Publikum wie den Gelehrten kam beides aber wie etwas ganz Neues, das um so stärker wirkte. Dann wurde auf die wunderbare Thatsache verwiesen, daß eine ganze Unmenge von Tieren, die im ausgewachsenen Zustande außerordentlich weit voneinander verschieden sind, in frühester Jugend, als Keim im Ei oder Mutterleibe oder als Larve, sich so sehr ähnele, daß man sie gradezu miteinander verwechseln könnte. Wie grundverschieden erscheine ein erwachsenes Huhn und eine erwachsene Schildkröte. Oeffnet man aber auf einer bestimmten Stufe ein Hühnerei und ein Schildkrötenei, so zeigt sich in beiden ein kleines Wesen, das zunächst weder Schildkröte noch Huhn ist, keinen Panzer und keine Federn hat, dagegen in beiden Fällen vier gleichartige, flossenähnliche Gliedmaßen und am Halse gewisse Einschnitte gleich den Kiemen eines Fisches besitzt. Es sieht vollkommen so aus, als müßten das Huhn sowohl wie die Schildkröte erst eine bei beiden fast gleiche Vorstufe im Ei durchlaufen: eine Vorstufe, die eine ganz unzweideutige Ähnlichkeit mit einem Fisch besitzt. Wäre es nicht ein nahe liegender Schluß, hier zu sagen: Schildkröte so gut wie Vogel stammen in langer Linie eben beide von fischähnlichen Tieren oder gradezu wohl Fischen ab, und irgend ein Gesetz des Lebens zwingt auch heute immer noch jedes kleine neu entstehende Huhn, jede kleine neu entstehende Schildkröte dazu, vorübergehend im Keimzustand jene fischartige Ahnenform noch einmal gleichsam abzuspiegeln? Es lag auf der Hand, daß in diesem Falle nicht nur die Abstammungslehre zum erstenmal eine anschauliche Erklärung für die sonderbarsten, bisher gänzlich unverständlichen Thatsachen gab, sondern auch jene Thatsachen aus dem Keimleben der Tiere umgekehrt wieder äußerst lehrreich werden konnten für die Aufhellung der wahren Abstammungs- und Verwandtschafts-Verhältnisse auf dem Boden der neuen Theorie. So fügte sich in dem Buche Stein an Stein, und ob der Leser auch noch so widerwillig in die Lektüre eingetreten sein mochte: mit jedem Kapitel sah er seinen Glauben an die Unveränderlichkeit der Arten härter bedrängt, sah er sich mehr preisgegeben einer Überredungskunst, die immer mit Thatsachen arbeitete, die immer ernst und anständig und auf einer gewissen Höhe blieb, die nichts übertrieb und nichts verheimlichte und die zuletzt doch so unaufhaltsam dahinriß, daß auch der Zweifelnde etwas empfinden mußte wie den Sturmatem einer großen Idee, die auf alle Fälle aus der Tiefe des innerlichsten Ringens einer großen Menschenseele um die Wahrheit kam.

Der Name des Verfassers und eine gewisse unbestimmte Erwartung hatten doch genügt, um dem Werke auf den Tag des Erscheinens 1250 Käufer zu sichern, mit denen die erste Auflage erschöpft war. Das Datum dieses Buches bezeichnet den Höhepunkt in Darwins Leben. Die noch folgenden dreiundzwanzig Jahrc, die ihm vergönnt waren — so lange Zeit noch dem armen Dulder, der längst fast mit der Erdenwallfahrt abgeschlossen! — standen in jeder Regung im Banne dieses Tages. Der „Mann des Beagle", schon einer andern Generation angehörig, verschwand: ins Getümmel der Welt aber trat der „Mann der Entstehung der Arten", für eine junge Generation feuriger Geister auf einmal der Führer und Held. Es begann der „Darwinismus", schließlich eine Geistesbewegung, die gleichsam den einzelnen auslöschte. Diese ganze Bewegung, in der wir alle heute noch stehen, ist hier weder zu schildern, noch in allen ihren wechselvollen Phasen zu beurteilen. Wir verfolgen nur noch bis zum Schluß die Person des großen Weisen, Denkers und Menschen, der ihr den Namen gegeben hat.

X.

Der Ausbau der Lehre und die botanischen Studien.

Darwin hatte sein Bekenntnis öffentlich abgelegt. Es gab nun kein Zweifeln und Schwanken mehr. Was folgte, mußte mit der Ruhe des Philosophen getragen werden. Sein nächster Trost war, daß ihn einige engere Genossen, in denen er echte Führer der Wissenschaft verehrte, vor allem Lyell, schon vor dem Erscheinen des gefährlichen Buches ungefähr begriffen hätten und so leicht nicht wieder verlassen würden. Lyell ist auch in seiner Art, immer sehr vorsichtig, aber doch mit ganz unzweideutiger Stellungnahme in den Grundfragen, für den Rest seiner Tage auf Darwins Seite geblieben. Ebenso mehrere der anderen Freunde. Einzelne jüngere Forscher traten fast augenblicklich zu der neuen Lehre über, zum Beispiel der sprachgewandte, dialektisch wie wissenschaftlich gleich begabte Huxley. Vielfach empfand man, daß Darwin kühn etwas ausgesprochen, was eigentlich überall in der Luft lag. Das Buch brachte ja nicht allein die Theorie der natürlichen Zuchtwahl. Es vereinigte, wie erwähnt, auch allgemein das beste Material aus den verschiedensten Zweigen der Fachforschung, der vergleichenden Anatomie, Embryologie und Paläontologie, für natürliche Entwickelung der Lebewesen überhaupt. Es besprach äußerst ruhig, in einem schlicht anregenden Tone ohne jede Rechthaberei die Menge Beweisstücke, die sich seit Lamarcks und Cuviers Tagen nach dieser Seite nun doch auch für den Besonnensten angesammelt haben müßten. Ganz verführerisch legte es dar, wie viel durchsichtiger fast überall der Wust der Einzelthatsachen würde, wenn man diese neue Anschauung zu Grunde legte. Eine neue Zeit müßte für die Systematik hier anbrechen, ein ungeheures und gewiß sehr verheißungsreiches Arbeitsfeld that sich für junge Köpfe auf, die sich rasch die Sporen durch frische Neuleistung verdienen wollten. Aber augenblicklich verlor sich das alles noch stark in gewissen ersten groben Protesten. Altbewährte Häupter der Wissenschaft, denen Darwin selbst gewiß alle Achtung zollte, gerieten außer sich über die Verwegenheit solcher Theorien, die jede Tradition umwarfen. Und im großen Publikum, zunächst wenigstens dem englischen, entstand ein erstes Sturmeswehen, das sich dann in den folgenden Jahren von Zeit zu Zeit immer wieder neu beleben sollte. Eine Zeit lang befand sich der Autor des Buches selbst offenbar in einer gewissen Erregung. Seine Korrespondenz wuchs jäh ins Riesige. Seine moralische Größe mußte sich manchem gehässigen, ja gemeinen Privatangriff in öffentlichen Blättern gegenüber bewähren. Aber im Grunde gab es auch hier nichts, was ihn in seiner ehrwürdigen Ruhe dauernd hätte stören können. Er blieb bei seinen peinlich strengen, jeder Geselligkeit und Aufregung beharrlich abgeneigten Lebensweise. Und während sein Buch in der Welt Lärm machte wie das kecke Wagnis eines jungen Himmelsstürmers, erinnerte sich der früh gealterte, einsame Mann in Down daran, daß er ja damit nur eine erste schwache Abschlagszahlung geleistet habe. Noch ruhte die Hauptmasse des eigentlichen schweren Geschützes seiner Beweise in seinen Mappen. Dem einen Bande mußten von Rechts wegen noch mindestens ein paar als nötigste Ergänzung folgen. Und so ist er bereits im Jahre nach dem großen Datum ernsthaft dabei, das gesamte Material zusammenzustellen, das die eine Grundfeste des Baues bilden sollte: er beginnt jenes dicke, zweibändige Werk vorzubereiten, das später den Titel erhielt: „Das Variieren der Tiere und Pflanzen im Zustande der Domestikation." Oft durch Krankheit gestört, hat er an diesem Buche rund acht Jahre gearbeitet, so lange wie einst an seinen „Rankenkrebsen", es ist erst 1868 erschienen. In der großen Menge ist diese Arbeit, auch räumlich nahezu die umfangreichste seines Lebens, nur sehr wenig bekannt. Dem Kenner, der von jenem strahlenden Glanz des absolut Neuen absieht, der den Band von der „Entstehung der Arten" immer umgeben wird, tritt hier vielleicht Darwins tiefstes, gründlichstes und nach vielen Richtungen wirklich auch geradezu bedeutendstes Werk entgegen. Keine Improvisation, wie das erste Artenwerk, sondern das Ergebnis überaus sorgsamen Aufbaues, stellt es ganz abgesehen von dem Wert für die engere Abstammungstheorie ein wahrhaft klassisches Zeugnis großartigsten Gelehrtenfleißes dar und wird auf absehbare Zeit stets als ein Quellwerk ersten Ranges zur gesamten biologischen Forschung des neunzehnten Jahrhunderts gelten müssen. Darwin selbst hielt es gern für sein Hauptwerk, obwohl auch diese zwei dicken Bände immer noch nicht ganz erschöpften, was er als Unterbau seiner kühnen Theorie ansah. In diesem Buche hat er unter anderm auch niedergelegt, was er, gewissermaßen über seine Theorie hinaus, vom tiefsten Wesen der Gesetze des Variierens und vor allem der Vererbung hielt, Fragen, die in neuester Zeit erst wieder so recht in Fluß gekommen sind und zu großen, fruchtbaren Debatten über alle letzten strittigen Punkte des Darwinismus geführt haben.

Wie schon erwähnt, war unser Forscher durch die eingehenden Studien über künstliche Zuchtwahl seit langen Jahren auch selbst auf das praktische Gebiet gedrängt worden. Die schöne Ruhe seines Landsitzes, materielle Freiheit und Sorglosigkeit, dazu Muße in fast überreichem Maße vereinigten sich, ihn zum berufenen Experimentator zu machen, der sich mit allerlei Pflanzen- und Tierrassen umgab und am lebendigen Stoff emsig selbst prüfte und beobachtete. Er, der schon auf der Reise unter den romantischsten Umständen bewiesen, daß er nicht bloß ein Mann der Studierstube sei, entwickelte in sich in den späteren, zwangsweise ruhigen Jahren immer mehr ganz besondere Gaben nach jener Richtung. In seiner eigentlichen Arbeitsart war er äußerst schlicht. In alten Scherben und Tassen zog er sich wunderbare Pflanzenkulturen, die einfachsten Werkzeuge genügten ihm; sein scharfes Auge, seine peinliche Gewissenhaftigkeit im Notieren der Einzelheiten war ihm stets die Hauptsache. Aber wo Wichtiges für den sachlichen Zweck auf dem Spiel stand, da wußte er auch das wertvollste Material sich zu verschaffen, alle Freunde wurden mit Briefen bestürmt, der herrliche Pflanzengarten von Kew mußte die seltensten Pflanzen in sein kleines Gewächshaus liefern. Diese Experimente erfüllten nicht nur ihren eigentlichen Zweck für den Ausbau der Zuchtwahltheorie. Sie führten Darwin nebenbei auch noch auf ein neues Gebiet: das der Botanik. Wir erinnern uns, wie er als Geologe zuerst sich fachmännischen Ruf verschafft, wie er dann später auch noch als systematischer Zoologe sich ähnlichen Rang erworben hatte. Es sollte ihm vergönnt sein, noch in den letzten zwanzig Jahren seines Lebens auch den ganzen Ruhm eines großen, auf mehreren Gebieten geradezu bahnbrechenden Botanikers zu gewinnen.

In den sechziger Jahren, da ihn das Werk über das Variieren der Tiere und Pflanzen im zahmen Zustande (Domestikation) beschäftigte, zugleich aber nicht enden wollende Kränklichkeit Monate und wieder Monate ihn von aller ganz strengen Leistung abhielt, veröffentlichte er gleichsam wie eine Art nebensächlicher Ferienarbeit ein erstes kleines botanisches Buch über „die verschiedenen Einrichtungen, durch welche britische und ausländische Orchideen befruchtet werden" (1862). Zu den sinnigsten Erscheinungen unseres Naturlebens gehört das eigentümliche Verhältnis, in dem Insekten und Blumen miteinander stehen. Die Blume lockt das Insekt, Schmetterling, Hummel oder was es sonst sei, durch lebhafte Farben, Duft und Honigabsonderung an, und das Insekt, indem es von Blume zu Blume fliegt, trägt den Blütenstaub der einen Blüte auf den Fruchtknoten der nächsten und vermittelt so die Befruchtung, die zur Fortpflanzung nötig ist. Auf den ersten Blick will es wohl scheinen, als sei so etwas bei den meisten unserer Blumen überflüssig, da sie ja Fruchtgriffel und Staubgefäße in derselben Blüte vereinigen, sich also ohne weiteres selbst befruchten könnten. Aber es besteht ein großes Gesetz in der lebendigen Welt, das der „Inzucht", der fortgesetzten Selbstbefruchtung, entgegen ist: auch die Pflanzen, die beide Geschlechter in derselben Blüte besitzen, bringen nur dann gesunde Nachkommenschaft hervor, wenn die Befruchtung kreuzweise, also von den Staubgefäßen einer Blüte auf den Fruchtgriffel einer zweiten, erfolgt. Und da die Pflanzen sich nicht selbst zu einander hinbewegen können, auch jede freie Übertragung etwa durch den Wind unsicherer ist, hat sich jenes interessante Wechselverhältnis zwischen Blumen und Insekten ausgebildet, bei dem die Insekten die Befruchtung ganz von selbst im Aus- und Einkriechen bei verschiedenen Blüten bewirken, indem sie den Blütenstaub, der sich ihnen beim Honigsuchen anklebt, mit übertragen. Vielfach hat sich der ganze Bau der Blumen in der kunstvollsten Weise genau auf diese Insektenbesuche „angepaßt". Heute bringt wohl schon jeder einigermaßen gebildete Lehrer seinen Schülern die Grundzüge dieses lehrreichen und zugleich anmutigen Sachverhaltes bei. In Wahrheit ist die Kenntnis davon aber erst einige Jahrzehnte alt, und die Hauptsache dabei verdanken wir eben Darwin, der auf diese wundervollen Thatsachen gleichsam so nebenbei, im Verfolg seiner Zuchtwahlstudien, geriet. Schon gegen Ende des vorigen Jahrhunderts allerdings war der Konrektor Sprengel zu Spandau auf das Geheimnis aufmerksam geworden, ohne doch den wahren Zweck (die Vermeidung der Selbstbefruchtung) gewahr zu werden. Die Sache war dann beinah wieder verschollen. Als Darwin 1841 mitten in Studien über die Gesetze der Pflanzenzüchtung steckte, wies ihn sein alter Gönner Brown gelegentlich darauf, er solle doch einmal das kleine Buch Sprengels einsehen. Fortan behielt Darwin die Sache im Auge, und bald hatte er heraus, wo der Kern noch über Sprengels Beobachtungen hinaus stecke. Jetzt, in den sechziger Jahren, benutzte er Nebenstunden, um diese botanischen Ideen langsam auch ans Licht zu bringen. Nachdem er zuerst die überaus seltsamen Befruchtungseinrichtungen der Orchideen behandelt, sammelte er sein Material zu einem größeren Buche, das dann allerdings erst 1876 erschienen ist unter dem Titel: „Die Wirkungen der Kreuz- und Selbstbefruchtung im Pflanzenreich". Im gleichen Jahre lieferte er noch eine Schrift über „die verschiedenen Blütenformen an Pflanzen der nämlichen Art."

Darwins botanische Erfolge schlossen aber keineswegs mit der einen glänzenden Entdeckung ab. Eben in jener gleichen Zeit, da er in seinen Krankheitspausen zwischen der Hauptarbeit die Orchideen vornahm und als Exempel durchforschte, geriet er noch auf zwei weitere botanische Experimentalgebiete ersten Ranges. Im Sommer 1860, bei Gelegenheit eines Erholungsausfluges, fesselte ihn die niedliche, auf Moorboden gedeihende Pflanze, die der Naturforscher Sonnentau (Drosera) nennt. Von dieser Pflanze war ebenfalls schon im vorigen Jahrhundert etwas ganz Absonderliches behauptet worden: sie sollte nämlich Insekten, die sich von den klebrigen Blättern nicht mehr befreien konnten, durch Zusammenlegen der Borsten am Blattrand bedecken und durch Ausscheiden einer Art von Magensaft regelrecht „verdauen", also als Nahrung benutzen. Auch hier hatte in der ganzen Zwischenzeit sich niemand genauer mit dem bei einer Pflanze denn doch ganz einzigartigen Sachverhalt befaßt. Darwin aber machte sich jetzt daran, auch das einmal systematisch zu erforschen. Er stellte fest, daß es sich bei dieser und einigen andern Pflanzenarten thatsächlich um nichts Geringeres als um „fleischfressende Pflanzen“ handle. Diese Studien, abermals von durchschlagender Neuheit und voll glücklichster Anregungen für die Fachbotanik, sind 1875 gesammelt als Band unter dem Titel „Insektenfressende Pflanzen“ erschienen. Die Sache machte Darwin besonderen Spaß, da sie unser gangbares Naturbild auf Erden gleichsam erweitert erscheinen ließ, der Pflanze wenigstens in einzelnen Vertretern eine aktive, angreifende Rolle im Daseinskampfe gab und neues Licht warf auf die tiefe ursprüngliche Verwandtschaft von Pflanze und Tier. In dieses gleiche Gebiet führte aber in vieler Hinsicht eine dritte botanische Studie, über die schon 1864 eine einzelne Abhandlung von Darwin veröffentlicht wurde. Auch sie betraf aktive Dinge im Organismus der Pflanzen, die man bisher lange nicht genug beobachtet hatte: die Bewegungen der Pflanzen. Zahllos sind die Bewegungserscheinungen an dem scheinbar starren Leib der Pflanze: von den sogenannten Schwärmsporen der Algen, die sich frei wie junge Tiere im Wasser herumtreiben, bis zu dem Öffnen und Schließen gewisser Blüten am Morgen und Abend, dem Einknicken der Mimosenblättchen bei der Berührung, dem geheimnisvollen Kreisen und Tasten der Sproßgipfel von Kletterpflanzen. An den letzteren Fall besonders knüpfte Darwin an, später wurde aus der ersten Abhandlung dann das selbständige Buch über „die Bewegungen und die Lebensweise kletternder Pflanzen“ (1875), und 1880 krönte diese ganzen Bemühungen das Werk vom „Bewegungsvermögen der Pflanzen“, bei dessen Fertigstellung dem greisen Forscher schon sein Sohn Francis mit thatkräftiger Hülfe an die Hand ging.

Darwin hatte das seltene Glück, zwei seiner Söhne zu tüchtigen Naturforschern heranwachsen zu sehen. Viele Jahre lang ist die Erziehung seiner Kinder jedenfalls eine seiner stärksten Freudenquellen gewesen. Die Kinder selbst sahen in späterer Zeit auf eine vollkommen glückliche Jugend zurück, und der Vater stand in der Mitte aller ihrer Erinnerungen wie eine ewig gleichmäßig gute, hülfsbereite, im

Alter unendlich ehrwürdige Gestalt. Selbst die unausgesetzten Leiden hatten in diese große und reine Seele nichts irgendwie Verbittertes, das Kindern so leicht fühlbar wird, gebracht. Im Darwinschen Familienkreise lebt die Erinnerung an manchen kleinen Zug, der das Verhältnis des Vaters zu seinen Kindern so recht deutlich zeigt. Eines Tages findet er einen der kleinen Jungen auf dem Sopha des Wohnzimmers bei ungestümen Reitversuchen, obwohl geboten worden war, die Federn dieses Möbels zu schonen. „Lemmy," sagte der Alte, „das geht wider alle Regeln." „Dann glaube ich," erwidert das kleine Bürschchen, „es ist besser, wenn Du aus dem Zimmer gehst." Eine andere lustige Anekdote der Art ist, wie die Kinder draußen beraten, ob sie ihn nicht aus seinem Arbeitszimmer locken können, daß er mit ihnen spiele. Endlich beschließt ein vierjähriger Knirps, ihn mit einem Sixpence zu bestechen. „Wir kannten alle," schließt die Tochter diese Erzählung, „die Heiligkeit der Arbeitszeit, daß aber irgend jemand einem Sixpence widerstehen könnte, schien uns eine Unmöglichkeit zu sein." Als die Kinder noch ganz klein waren, führte er genau Tagebuch über ihre Entwickelung: Aufzeichnungen, die auch unmittelbaren wissenschaftlichen Wert zur Psychologie der Kindesseele besaßen. Der eine Sohn, George Howard Darwin, ist kurz nach des Vaters Tod Professor der Astronomie in Cambridge geworden, ein anderer, Francis, an derselben Universität einige Jahre später Professor der Botanik; von Francis stammt auch die umfangreichste Arbeit über des Vaters Leben, drei dicke Bände, in denen besonders eine Menge wertvoller Briefe an Fachgenossen mitgeteilt sind.

Zu diesem friedlichen Hause, wo ein treuer Vater sich seiner wohl geratenen Kinder freute und merkwürdige Pflanzen zog, klang nun mit den Jahren immer gewaltiger das Brausen des Sturmes herüber, den die Theorie der natürlichen Entwickelung in der Welt geweckt. Hier wilder Hohn, dort lodernde Begeisterung. Kein Zweifel aber: in der Wissenschaft rückte die Sache vorwärts, und als das Werk über das „Variieren" dem ersten Programmbuch 1868 nachfolgte, konnte in gewissem Sinn schon von einem „Siege" der Darwinschen Allgemeinideen auf weiten Strecken der Fachgebiete die

Rede sein. Ernst Häckel hatte in Deutschland seine glänzend gedachte und geschriebene „Generelle Morphologie der Organismen“ (1866) kühn in den Kampf hineingeworfen und den Zoologen und Botanikern im genialen Umriß vor Augen gestellt, wie sich auf Darwins Grundsätzen ein ganz neues System, ja in gewissem Sinne eine ganz neue Methode der Forschung aufbauen lasse. Das war das Signal dafür, daß der ganze junge, frische, unbefangen vorschreitende Nachwuchs in den biologischen Wissenschaften zu der neuen Lehre mit Begeisterung überging. Selbst von den älteren Größen traten aber thatsächlich nach Ablauf von noch nicht einem Jahrzehnt genug über, um von einem sieghaften Feldzuge zu sprechen, — viel mehr jedenfalls, als Darwin erwartet hatte. Ab und zu tauchte der eine oder andere der neuen Jünger persönlich bei dem Meister in Down auf, so Häckel, mit dem Darwin sich alsbald lebhaft anfreundete und stets in reger und warmer Beziehung blieb; einer der letzten Freundesgrüße aus weitester Ferne, die Darwin ganz kurz vor seinem Tode noch erhalten hat, ist ein Telegramm von Häckel vom Gipfel des Adamspicks auf Ceylon gewesen! Aber das meiste kam und ging doch auf schriftlichem Wege. Bewundernswert über alle Maßen war die Energie, mit der dieser kranke Mann viele Jahre lang die ganze Kritik, die der Theorie zu teil wurde, überschaute und beherrschte. Neue Auflagen der „Entstehung der Arten“ (in dem ersten Jahrzehnt erschienen nicht weniger wie fünf) wurden mit bedeutenden Zusätzen versehen, die auf jede sachliche Kritik fast peinlich genau eingingen. Selbst herbe Gegner empfanden, daß eine derartige, zugleich bescheidene und sachlich hohe Art mit Kritikern oft der bösesten Sorte umzugehen, bisher in wissenschaftlichen Zwisten noch kaum erlebt worden sei. Eine solche Fülle von Duldsamkeit, Sachlichkeit und Unparteilichkeit von einem der umstrittensten Kämpfer des ganzen neunzehnten Jahrhunderts ausgeübt, mußte ganz allgemein Früchte für den moralischen Zustand der Wissenschaft, ja der Kultur überhaupt tragen, und hat sie auch wirklich getragen weit über den Wahrheitswert der von Darwin vertretenen Lehre hinaus. Künftige Geschlechter werden hier immer wieder ein Vorbild finden, das sich um so vorteilhafter aus dem Kampfgewühl unseres Jahrhunderts heraushebt, als grade in diesem Jahrhundert dem Zweck, gewisse wirkliche oder angebliche „Wahrheiten“ um jeden Preis durchzudrücken, die moralische Unberührtheit und persönliche Größe des Charakters nur zu oft und leichtsinnig aufgeopfert worden sind. Wie rein Darwin die Dinge übrigens ansah bis fast über das menschlich Mögliche hinaus, bezeugt wohl am besten die folgende Stelle, die er, naiv, wie er war, gleichsam als Ergebnis seiner vielen Waffengänge mit den heißblütigsten Gegnern niedergeschrieben hat, — er, der in einer Weise auch persönlich im letzten Drittel seines Lebens vielfach verunglimpft worden war, wie es den Harmlosesten hätte in Harnisch bringen sollen. „Ich werde,“ schreibt er als alter, wohlwollender Philosoph, „zu der Bemerkung veranlaßt, daß ich beinahe immer von meinen Kritikern anständig behandelt worden bin, wobei ich diejenigen ohne wissenschaftliche Kenntnisse als nicht der Erwähnung wert beiseite lasse. Meine Ansichten sind häufig grob entstellt, mit Bitterkeit angegriffen und lächerlich gemacht worden, dies ist aber, wie ich glaube, meist in gutem Glauben gethan worden. Im ganzen zweifle ich nicht daran, daß meine Arbeiten wiederholt bedeutend über Gebühr gepriesen worden sind. Ich freue mich darüber, daß ich Streitigkeiten vermieden habe, und dies verdanke ich Lyell, der mir vor vielen Jahren, mit Rücksicht auf meine geologischen Arbeiten, dringend riet, mich niemals in einen Streit verwickeln zu lassen, da ein solcher selten etwas Gutes bewirke und einen elenden Verlust an Zeit und Stimmung verursache.“ Der letzte Satz ist natürlich nur bedingt zu nehmen. In Wahrheit sorgten die Gegner von 1859 an genug für Streit, in den sich dann Darwin wider Willen verwickelt sah. Aber die richtige Kehrseite ist eben die, daß in seiner reinlichen Hand jeder Streit zu einer einfachen, sachlichen Debatte wurde, die ein Unbefangener gar nicht auf irgend welche Disharmonie ernster Art zurückgeführt haben würde. Das konnte eben er, und kein Zweiter (auch Lyell selbst nicht) that es ihm nach.

XI.

Die Abstammung des Menschen.

Bei all seiner Vorsicht, Milde und Besonnenheit lag es logisch auf Darwin's Bahn, daß er noch einmal gradezu Öl in die Flammen des großen Kampfes gießen sollte. Für ihn bestand, als er die „Entstehung der Arten" schrieb, kein Zweifel darüber, daß auch der Mensch als natürliche Art auf Erden in jenen großen Zusammenhang gehöre und durch die gleichen Zuchtwahlgesetze zu einem bestimmten Zeitpunkte der Erdgeschichte aus einer niedriger entwickelten Tierart hervorgebracht worden sei. Darwin hielt sich in diesen Dingen fest auf dem Standpunkt des objektiv wertenden Naturforschers. Was seine philosophische Allgemeinanschauung der Weltdinge anbetraf, so hatte er sich in den Jahren seit den theologischen Anläufen von Cambridge seiner Meinung nach nur folgerichtig entwickelt. Von der engeren Theologie war er zu allgemeineren philosophischen Ansichten übergegangen, ohne daß er sich doch Zeit seines Lebens auch ins philosophische Denken allzu tief hineingewagt hätte. Im großen und ganzen ist er bis zum Ende seiner Tage einem gewissen Optimismus treu geblieben, einer Art grundsätzlichen Glaubens, daß die Welt trotz so viel Elends und Kampfes auf eine große letzte Hauptsumme von Glück los schreite und das Ringen der edelsten Geister nach Wahrheit und Recht auf Erden darin keine verlorene Arbeit sei. In jenem Jahre, als er das Buch von der Artentstehung schrieb, schien ihm jedenfalls ganz besonders einleuchtend, daß die Welt im ganzen kein grobes Zufallswerk sei, sondern daß im Naturgesetz selbst ein Prinzip walte, das in gutem Sinne vorwärts treibe; führte doch selbst der entsetzliche Daseinskampf der Tiere und Pflanzen auf Erden mit all seinen Schrecken thatsächlich auch nur aufwärts zu immer entwickelteren, höheren Formen, falls die Zuchtwahltheorie richtig war. In diesem Sinne hatte er das Werk mit einigen sehr versöhnlichen Worten geschlossen, die manchem Gegner, der in dieser Welt Darwin's ein reines Reich der Thorheit und des Weltunsinns sehen wollte, die Waffe aus der Hand schlugen. Aber das alles hinderte ihn keinen Augenblick, die Vollgültigkeit seiner Theorie auch auf den Menschen auszudehnen. Hier blieb der Naturforscher einfach fest bei der Sache, der den Menschen zunächst einmal bloß mit den Augen Linné's ansah und als „Art“ faßte, die eben nur entstanden sein konnte wie alle andern Arten auch. Ein vorläufiger Auszug bloß, wie jenes erste Buch war, bot es allerdings keinen Raum, das eingehender darzulegen: Darwin begnügte sich, bei der Schlußübersicht über die nötigen Folgerungen der Theorie den Satz einzuflechten: „Licht wird auf den Ursprung der Menschheit und ihre Geschichte fallen.“

Der kleine Satz wurde von vielen übersehen. In der ersten deutschen Uebersetzung des Werkes wurde er sogar ohne weiteres fortgelassen. So konnte sich in den sechziger Jahren die Legende bilden, Darwin mache, obwohl sonst Vertreter einer natürlichen Entwickelung im Bereich des Lebendigen, doch vor dem Geheimnis des Menschen Halt. Unter seinen Freunden waren mehrere, die selber diesen letzten Schritt wirklich nicht gern machen wollten. Der Mitentdecker der Zuchtwahl-Theorie, Wallace, beispielsweise zog in der Folge hier eine feste Grenze: er vertrat die Ansicht, daß alles Irdische in fortlaufender Entwickelung zu denken sei bis auf den Anfang der menschlichen Kultur: in den Regungen der Kunst, des philosophischen und mathematischen Denkens, überhaupt also bei den höchsten Kulturdingen des Menschen sollte dagegen die einfache Entwickelung durchbrochen worden sein durch besondere Eingriffe gänzlich anderer Art, für die Wallace Erklärung in den Erscheinungen des Spiritismus suchte. Solche Dinge standen dem alten Darwin so fern wie nur irgend etwas, und all sein angebliches Zaudern an der kritischen Stelle war nichts als wieder einmal eine gewisse Vorsicht: er wollte auch hier erst mit dem ganzen Rüstzeug angethan vortreten. Dazu bedurfte es aber noch eines dritten Werkes nach dem über die „Entstehung“ und nach dem über das „Variieren“. Sobald das letztere schwere Buch abgethan war, ging er an den „Menschen“. Die tierische Abstammung des Menschen war inzwischen in der Öffentlichkeit schon aufs lebhafteste auch ohne ihn erörtert und von vielen Seiten her sogar sehr nachhaltig bejaht worden. Häckel hatte sie schon 1866 als unumgängliche Folgerung des Darwinismus hingestellt. Karl Vogt war als redegewandter Apostel für sie eingetreten, allerdings von einem ganz bestimmten philosophischen Standpunkte aus, der nicht unbedingt mit der Sache selbst zusammenhing. Bei alle dem aber war, wie erklärlich, das Buch Darwins, als es endlich herauskam, in jeder Hinsicht wieder eine ganz eigene Arbeit, wie nur er sie schreiben konnte. Das Werk erschien 1871 unter dem Titel: „Die Abstammung des Menschen und die geschlechtliche Zuchtwahl". Das Prinzip der geschlechtlichen Zuchtwahl, das einen großen Teil der beiden Bände unabhängig vom „Menschen" füllt, war von Darwin schon in seinem ersten Buche klar aufgestellt worden, jetzt folgte nur erst das ganze Beweismaterial. Bei einer Menge höherer Tiere gewahrt man eigentümliche Unterschiede im Körperbau zwischen Männchen und Weibchen noch abgesehen vom verschiedenen Geschlecht selbst: zum Beispiel das Geweih des männlichen Hirsches, die Zangen des männlichen Hirschkäfers, die Farbenpracht des Pfauhahns, die alle den Weibchen dieser Arten fehlen. Diese Eigenschaften schienen Darwin nicht durch die einfache natürliche Zuchtwahl hervorgebracht zu sein. Er sah darin das Ergebnis einer besonderen Auslese, die seit alters unter den um den Besitz des Weibchens kämpfenden Männchen stattgefunden hat: das Weibchen erhielt stets den stärksten, mit besonderer Wehr versehenen Gatten oder es suchte sich auch selbst den schönsten, farbenprächtigsten aus vielen Bewerbern heraus, und durch diesen Prozeß pflanzten sich nach und nach immer stärker bewehrte oder farbenprangendere Männchen fort und waren schließlich dauernd gezüchtet.

Hinsichtlich des Menschen und seiner natürlichen Entstehung schloß sich das Buch im Prinzip durchaus den Häckel'schen Lehren an, gab aber eine ganze Reihe von Kapiteln voll auserlesen interessanter, zum Teil völlig neuer Beweismaterialien aus allen wissenschaftlichen Spezialgebieten, die hier in Betracht kamen. Darwin gelangt zu dem

Schlusse, daß der Mensch zu seiner Zeit nach natürlichen Gesetzen sich wirklich aus einer Tierart entwickelt habe, die zwar heute nicht mehr existiere, also auch nicht unter den heute lebenden Affen gesucht werden könne, die aber in ihren Körpermerkmalen den lebenden höchsten Affenarten jedenfalls sehr ähnlich gewesen sein müsse. Darwin glaubte das ausreichend begründet durch den heute noch sichtbar vorhandenen Körperbau des Menschen, der, abgesehen vom allgemeinen anatomischen Umriß, in den sogenannten rudimentären Organen (z. B. den Schwanzwirbeln des Skeletts, dem Wurmfortsatz des Darmes u. s. w.) an niedriger stehende Tiere erinnere, und als Embryo (Keim im Mutterleibe vor der Geburt) direkt tierische Formen solcher niederen Art in seiner Einzelentwickelung durchlaufe. Solche Merkmale grade lassen sich bei Tieren aller Art als Beweisstücke der Abstammung von andern Arten auffinden, — warum sollten sie beim Menschen andere Ursachen besitzen? Darwin suchte weiterhin dann auch darzuthun, daß keine der einfachen menschlichen Geistesanlagen beim Kinde oder beim Wilden zwingende Gründe zeigte, die vom Geiste der höheren Tiere prinzipiell fortführten; ihm schien auch hier nur ein Unterschied des Grades, nicht des Wesens vorhanden zu sein. Hinsichtlich der bekannten Thatsachen der Erdgeschichte konnte er sich darauf stützen, daß der Mensch auf der Erde offenbar erst in verhältnismäßig junger Zeit aufgetreten ist, als die höheren Säugetiere, aus denen die Theorie ihn hervorgehen läßt, jedenfalls schon vorhanden waren. Die versteinerten Reste von sehr hoch entwickelten Affen sind schon aus Erdschichten überliefert, in denen man echte Reste des Menschen bisher noch niemals gefunden hat. Allerdings fehlten Darwin noch vollkommen wirkliche Skelettüberbleibsel einer eigentlichen „Übergangsform“ zwischen affenähnlichen Tieren und Menschen. Er durfte aber darauf verweisen, daß uns ja bei jener durchaus lückenhaften Überlieferung solcher Reste aus alten Tagen überhaupt auch bei andern Übergängen zwischen Tierarten unterhalb des Affen und des Menschen vielfach das greifbare Material im Stiche läßt, ohne daß man das wissenschaftlich sonst als Grund gelten lassen darf, um allein deswegen an einem geschichtlichen Zusammenhang zu zweifeln. Bekanntlich ist es übrigens seit Darwins Tod gelungen, auf der Insel Java Teile eines Skeletts zu entdecken, das nach der Ansicht wenigstens vieler vortrefflicher Beurteiler den Forderungen Darwins entspricht und eine wirkliche Übergangsform zwischen einem Tiere aus der Verwandtschaft unseres Gibbon-Affen und dem Menschen darstellt.

Wie es sich nun damit im einzelnen verhalte, so wird doch jeder zugeben müssen, daß Darwins Buch eines der geistreichsten und philosophisch wertvollsten Werke gewesen ist, die jemals geschrieben worden sind. Die Schwere, ja im Sinne vieler die Bedenklichkeit des Stoffes war in einer bezaubernden Weise auch hier — und hier vielleicht noch mehr als bei irgend einem andern Buche Darwins — gemildert durch die Liebenswürdigkeit des Vortrags, der in keiner Weise autoritär auftrat, sondern stets zu betonen schien: Halten wir die Wahrheit über alles hoch; was sie uns auch geben mag: das edelste Gut unserer Seele kann sie niemals antasten, denn sie bildet ja selbst eine der festen Grundlagen dieses Gutes. Aber es war auch erklärlich, daß grade dieses Buch, wie oben gesagt ist, Öl in die Flammen goß. Fortan gingen gewisse Wogen, die Darwin selbst bisher noch geschont hatten, rücksichtslos auch über ihn fort, man bekräftigte sich, daß man ihn jetzt ins Herz hinein erkannt habe und bis auf den letzten Hauch befehden müsse. Ein Jahr später gab Darwin noch eine Art Ergänzungsband zu der Abstammung des Menschen heraus: die feine Studie über den „Ausdruck der Gemütsbewegungen bei dem Menschen und den Tieren.“ Wie alles, was er schrieb, ins Schwarze großer Zeitbewegungen traf, so hat auch diese Arbeit bis in Kreise hineingewirkt, die wiederum dem engeren Darwinismus ziemlich fern standen; Schauspieler, Maler, überhaupt Männer vom ästhetischen Gebiet, fanden hier interessanten Stoffs die Fülle, und thatsächlich ist kein Werk Darwins gleich zu Beginn so rasch in Umlauf gekommen, wie dieses, das man gewiß nicht zu seinen Grundwerken rechnen wird: am Tage des Erscheinens wurde die ganze Auflage in 5267 Exemplaren verkauft.

XII.

Letzte Leistungen und Ende.

Mit der „Abstammung des Menschen“ war das ursprüngliche Programm der fünfziger Jahre nicht ganz, aber doch annähernd erschöpft. Die unendlichen Notizmappen waren in eine kleine Reihe fester Bände umgegossen, die Darwin einen Ruf und Ruhm gaben, daß man wohl sagen konnte, er sei der bekannteste Naturforscher in der zweiten Hälfte des neunzehnten Jahrhunderts. Der Name „Darwin“ war ein Schlagwort geworden, das konnte auch ihm selbst nicht verborgen bleiben. Man beschäftigte sich mit seinem Leben, zumal in Deutschland mühte sich emsiger Fleiß, nachdem man die That gesehen, mehr und mehr nun auch um den Mann. Man fragte nach seinem Vater, seinem Großvater. Die Werke des alten Erasmus Darwin wurden aus dem Staube der Bibliotheken hervorgeholt. Den Autor der „Entstehung der Arten“ rührte es, wie sein Ruhm diesen längst Verschollenen noch einmal umgoldete. Und als einer der Besten in Deutschland aus denen, die auch sonst dem Darwinismus ihre frische Kraft geweiht, Ernst Krause (Carus Sterne) in Berlin, die Biographie des Erasmus zusammenstellte (in einem kleinen Buche, das aber eine Fülle umsichtig gesammelter Thatsachen und Ideen bot), da fand er den eifrigsten Teilnehmer und Mitarbeiter in Charles Darwin selbst, durch dessen Sorge 1879 eine englische Übersetzung des Krause'schen Werks (mit Ergänzungen von Darwins Hand) erschien. Es war eine seiner letzten Arbeiten. Gern hätte man ihr noch eine größere Selbstbiographie folgen sehen. Die Skizze einer solchen lag im Manuskript vor und ist später von dem Sohne veröffentlicht worden. Aber die letzten Jahre waren so trüb durch ewige gesundheitliche Störungen, daß eine eigentlich frei aufgebaute Leistung gar nicht mehr in Betracht kam. Er selbst hatte keinen Mut mehr, noch an irgend welche größeren Pläne zu denken. Er sagte sich wohl, daß er arbeiten müsse bis auf die letzten Minuten. Aber die Minuten schienen ihm gezählt. In manchen Stunden mühte sein erfinderischer Geist sich noch, das eine oder andere für die fortschreitende Wissenschaft anzuregen, — an die Ausführung durfte er persönlich nicht mehr denken. Für solche Anregung war ihm kein Opfer zu hoch. Es ist erzählt, daß er ein wohlhabender Mann war. Nun hatten aber seine Bücher in den letzten zwanzig Jahren noch wieder große Summen ins Haus gebracht. Diesen Gewinn aus wissenschaftlicher Arbeit hielt er wie ein unverhofftes, ihm selbst und seiner Familie unnötiges Geschenk, das ohne Abzug der Wissenschaft selbst wieder zu gute kommen sollte. Schon in manches Unternehmen zu Forschungszwecken hatte er aus dieser besonderen Quelle hülfreich eingegriffen. Jetzt im hohen Alter bestimmte er den ganzen Rest, eine sehr beträchtliche Summe, für ein im Sinne künftiger Forschung wirklich gemeinnütziges Werk: vom botanischen Garten zu Kew aus sollte auf seine Kosten ein großer Nachschlage-Katalog über sämtliche bekannten Pflanzennamen herausgegeben werden. Er, der so spät sich noch in die Botanik eingearbeitet, hatte gar oft grade ein solches Buch vermißt. Als „Nomenclator botanicus Darwinianus“ ist es nach seinem Tode wirklich ins Leben getreten. Der ganze Darwin steckte in den Worten, womit er dieses, für einen Privatmann gewiß außergewöhnlich kostbare Geschenk an Professor Judd in Kew begleitete. Er fühle den Drang, schreibt er, alles, was er habe ersparen können, der Geologie und Biologie zu widmen zum Dank, daß die naturhistorischen Wissenschaften ihm so viel Glück und Ruhm gebracht und sein Trost gewesen wären in einem, wie er wohl sagen dürfe, „schmerzvollen Dasein“.

Das letzte selbständige Werk seines langen arbeitsreichen Lebens sollte eine kleine Einzelschrift über die „Bildung der Ackererde durch die Thätigkeit der Würmer“ (1881), sein. Im Grunde war selbst das noch eine Leistung, die man klassisch nennen möchte. Mit Staunen sahen die Freunde, was der klare Geist dieses unermüdlichen alten Logikers und Beobachters aus dem einfachsten Stoff zu machen wußte. Ein großes Bild aus dem Naturhaushalt wuchs auf, vor aller Welt Augen und doch unbekannt: wie die Regenwürmer das

Erdreich verarbeiten und hochschaffen, wie sie Bauwerke versenken, überdecken helfen, wie diese winzigen Wesen unablässig wühlend ihre großartigen Wirkungen haben im Verlauf der Erdendinge, genau wie die Verwitterung, die bedeutungslos erscheint gleich dem Regentropfen auf dem Stein im Sprüchwort und doch schließlich Gebirge abträgt und Länder im Ozean versenkt. Noch ein letztes Mal strahlte vor harmlosestem Stoff die Methode in hellem Sonnenlicht, mit der dieser Mann schließlich Weltanschauungen bewegt hatte, — diese Methode, die Kleines zu Kleinstem trug, hinter ein Stichwort einen dicken Band häufte und, selber wühlend durch die Jahre wie der Regenwurm im Erdreich, zuletzt alte, ragende Säulenstümpfe und Mosaikböden in die schwarze Tiefe grub und darüber im freien Tage einen neuen Bauplatz für etwas Höheres ebenen half.

Es war der letzte Sonnengruß über dem Horizont. Wie ein Wunder war es gewesen, daß das schwache Flämmchen dieses Lebens immer und immer noch geflackert hatte. Das wichtigste Geisteswerk war gethan. Und in wenig raschen Stunden jetzt eines Frühlingstages brannte jäh der karge Körperrest wirklich zu Ende. Das alte Leiden, nie geheilt, nur gezähmt durch den eisernen Willen eines Geistesgewaltigen, warf eine etwas stärkere Welle hoch, und er erlag. Kein Wort drang über die Lippen des im letzten Anfall Gequälten als: „Ich fürchte mich garnicht zu sterben“. Am 19. April 1882 war alles vollendet. Das Leichenbegängnis wurde zu einer großartigen nationalen Feier. Vier Naturforscher von Weltruf trugen das Leichentuch: Huxley, Hooker, Lubbock und Wallace, außerdem noch der Theologe Farrar, der Herzog von Argyll, der Herzog von Devonshire und der amerikanische Gesandte Lowell. Im Trauerzug schritten die Vertreter aller wissenschaftlichen Gesellschaften Großbrittanniens, die Spitzen der Regierung und der Stadt London, die Botschafter Deutschlands, Frankreichs und Italiens. In der Westminster-Abtei, nahe dem Grabe Isaak Newtons, war die Gruft bereitet.

Ein Leben, wie dieses, bedarf keiner Erläuterungen. Am Grabe der größten Gedankenmenschen erinnert der Bescheidene sich vielleicht am stärksten grade der Unvollkommenheit menschlichen Denkens, der verzweifelten Drangsal, unter der es ganz langsam nur Schritt um Schritt sich emporarbeiten kann, der unendlichen Mühe, mit der der Mensch auch nur ein Sandkorn wälzt zum großen Bau der Wahrheit, der Erkenntnis, der Weltanschauung im höchsten Sinn. Es wird Jahrtausende nach uns Menschen geben, denen auch das alles, was Darwin geleistet, nur ein solches Sandkorn ist. Aber über diesen Gedanken hinaus gibt es an seiner Gestalt auch nichts, was zu bemänteln, zu entschuldigen, zu beschönigen wäre. Aus den Tiefen der Menschheit, als Kern all ihres Sinnens und Denkens, kommt der alte Glaube, daß der Mensch gemessen wird an zwei Dingen: an der Wahrheit und an der Liebe. Ein Sturm der Stimmen wächst heute herauf, wenn das erklingt: er erklärt Darwin für der Größten einen in der Wahrheit. Es ist aber gut, wenn der einzelne im Wechsel der Dinge gleichsam doppelt versichert ist. Wer dieses Leben überschaut, der weiß, daß dieser Mann auf alle Fälle auch verankert lag in dem schlicht Menschlichen, das der Sinn des Wortes Liebe im weitesten Maße umschließt. Er war kein tönendes Erz und keine klingende Schelle nach dem alten Wort, — wenn auch seine Lehren oft wie eherner Posaunenruf in seine Zeit gefahren sind.

Nicht auf der Einzelleistung, sondern auf dem Gesamtbilde solcher Menschen beruht unsere Kultur. Aus der wogenden Masse eines Jahrhunderts heben sie sich herauf wie ruhende Punkte, auf denen das Licht gleichmäßig strahlt, jenes Licht, das wir rückschauend gewahren müssen, um in dem Glauben an einen dauernden Heraufgang jener Kultur erhalten zu werden. Vielleicht, wenn man das Ganze von Darwin's Leben sich noch einmal vergegenwärtigt, erscheint am wunderbarsten darin die außerordentliche Folgerichtigkeit im Guten und Harmonischen, die hindurchgeht, dieses ungetrübte Licht, in dem man vergebens irgend eine Schwäche, einen Flecken des Charakters erspäht, dieser mit nichts zu hemmende feste Schritt gradeaus immer auf das Rechte, das Beste zu. Und doch liegt in alle dem nichts anderes, nichts Wunderbareres als der einfache Ausdruck der Thatsache, daß in solchem Leben der Mensch eben in seiner typischen, gesunden Form uns entgegentritt, der Mensch, in dem das Gute und Tüchtige wie mit der eisernen Folgerichtigkeit eines Naturgesetzes waltet. So hat dieser Mann in dunklem Jugenddrange sich seinen rechten Weg gesucht, so ist er um die Erde gezogen als ein Pionier auf dem äußersten Vorpostenwerk der Forschung, so hat er ohne Murren vierzig Jahre körperlicher Schmerzen und Entbehrungen auf sich genommen, so hat er die Stille wie den Ruhm gleichmäßig schlicht ertragen, so hat er stürmische Lehren in die Welt geworfen und ist selbst ein Mann des vollkommenen Friedens dabei geblieben bis zum letzten Tag. Durch alle diesen Wirbel und Wechsel der Dinge scheint der Satz zu klingen, den er selbst im Alter niedergeschrieben hat: „So oft ich nur immer gefunden habe, daß ich mich versehen hatte, oder daß meine Arbeit unvollkommen sei, und wenn ich verächtlich kritisiert wurde, und selbst wenn ich über Gebühr gelobt wurde, so daß ich mich gedemütigt fühlte, ist es meine größte Beruhigung gewesen, mir selbst hundertmal zu sagen: „Ich habe mich so angestrengt und so gut gearbeitet, wie ich nur konnte, und kein Mensch kann mehr als dies thun“.

Zeitfracht Medien GmbH
Ferdinand-Jühlke-Straße 7
99095 Erfurt, Deutschland
produktsicherheit@kolibri360.de